Stefan Ohmeis

Einblicke

Einblicke

*Geschichte und Geschichten
über das Bankhaus Metzler
und die Familie von Metzler
in Frankfurt am Main*

Stefan Ohmeis

Vorwort der Geschäftsleitung

Vorwort der Geschäftsleitung | Im Jahr 1674 legte Benjamin Metzler den Grundstein für das Bankhaus Metzler. Nur sehr wenige Firmen können auf eine so lange Tradition zurückblicken. Grundvoraussetzung für ein langes und erfolgreiches Bestehen am Markt ist der Mut zur Veränderung. In den vergangenen Jahrhunderten standen immer wieder Persönlichkeiten an der Spitze des Unternehmens, die diesen Mut besaßen. Sie führten Metzler vom Handelshaus über die Privatbank hin zu einer modernen Investmentbank.

In den mehr als 330 Jahren seines Bestehens hat das Bankhaus Metzler Umwälzungen in Gesellschaft, Politik und Wissenschaft sowie Revolutionen, Kriege und Krisen erlebt. Damals wie heute haben die Werte und die Geschäftsprinzipien des Hauses dazu beigetragen, dass Metzler alle Herausforderungen erfolgreich bewältigen konnte. Dies hat uns gezeigt, dass wir mit unserer vorsichtigen Geschäftsphilosophie auch in einem wechselhaften Umfeld gut aufgestellt sind: Zentraler Erfolgsfaktor in allen Bereichen unseres Handelns ist und bleibt unsere Unabhängigkeit – wir sind nicht von fremden Gesellschaftern, von Institutionen oder Interessen abhängig, weder wirtschaftlich oder rechtlich noch in unserem Denken und Handeln.

Dass sich das Unternehmen Metzler so lange erfolgreich am Markt behauptet, verdankt es auch den Menschen, die in diesem Unternehmen arbeiteten und arbeiten. Sie haben sich stets mit diesem Unternehmen identifiziert und sich dafür eingesetzt.

Wir danken dem Autor Stefan Ohmeis, der neben seiner Tätigkeit im Bankhaus viele Stunden in Archiven recherchierte. Durch seine Initiative können wir jetzt durch über 330 Jahre Metzler-Geschichte blättern.

Wir laden Sie ein, Einblick zu nehmen in Geschichte und Geschichten rund um das Bankhaus Metzler. Dabei wünschen wir Ihnen viel Freude, Kurzweil und Anregungen.

Die Mitglieder des Partnerkreises B. Metzler seel. Sohn & Co.

Im Herbst 2009

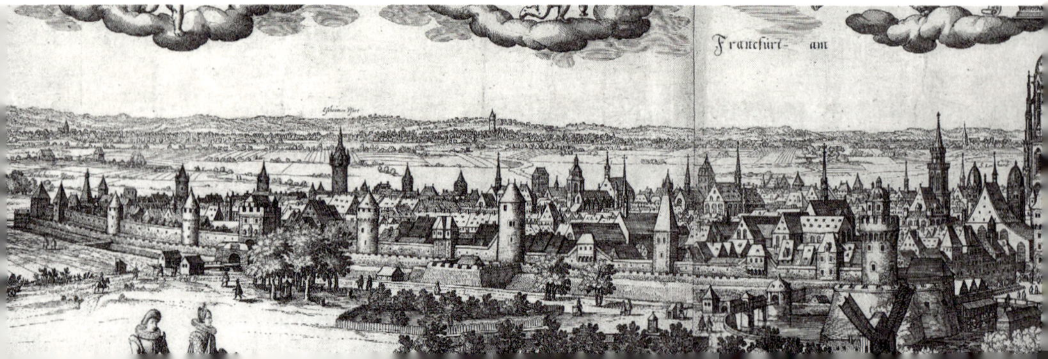

Inhalt |

Vorwort des Autors

Vorwort des Autors | Eine Privatbank im eigentlichen Sinne ist ein Unternehmen des privaten Bankgewerbes, das sich im Eigentum von wenigen Privatpersonen befindet, die häufig noch selbst die Geschicke des Hauses lenken. So eine Bank ist heute zu einer Seltenheit geworden. Ein Unternehmen, das bereits elf Generationen im Besitz einer Familie überdauert hat, dabei stets wuchs und sich weiterentwickelte, ist noch viel seltener. Daher übt das Bankhaus B. Metzler seel. Sohn & Co. unweigerlich nach innen wie nach außen eine starke Faszination aus, der auch ich mich nicht entziehen kann. Viele Mitarbeiter und Kunden identifizieren sich mit ihm. Dazu gewährt dieses Unternehmen seinen Mitarbeitern eine große unternehmerische Freiheit und ermutigt sie, Neues zu schaffen – oft mit bemerkenswertem Erfolg. Doch worauf beruht diese außergewöhnliche und anscheinend nahezu unendliche Erfolgsgeschichte?

Wer die Gegenwart verstehen will, muss die Vergangenheit kennen. Die Inhaber des Bankhauses Metzler hatten stets vor allem die Zukunft im Blick, denn nur sie sichert den Erhalt des Unternehmens. Sie überlieferten die wesentlichen Werte der nächsten Generation und schenkten darüber hinaus der Vergangenheit

wenig Beachtung. Es war daher für mich mühsam, Einblicke in die Metzler-Geschichte zu erhalten, denn eine anschauliche Dokumentation existierte bisher nicht. Dabei gibt es viele bemerkens- und erwähnenswerte Personen, Geschichten und Anekdoten in dieser langen Unternehmens- und Familienhistorie.

Da mich Geschichte fasziniert, wurde mir 1995 neben meinen eigentlichen Aufgaben im Bankhaus die Betreuung der historischen Archivalien anvertraut. Ausgestattet mit einer guten Portion Leidenschaft und der nötigen Besessenheit betrieb ich in meiner Freizeit häufig Metzler'sche Geschichtsforschung. Nach einiger Zeit erwähnte ich die Ergebnisse meiner Arbeit in Kundengesprächen und war überrascht, auf welch großes Interesse diese Ausführungen stießen. Um mein Wissen auch anderen zugänglich zu machen, kam mir die Idee, meine Forschungsergebnisse in handlicher Form zusammenzufassen. Dabei war es nicht meine Absicht, eine umfassende Historie des Hauses Metzler zu verfassen, sondern Einblicke in diese für mich so faszinierende Bank- und Familiengeschichte zu geben. Die in Eigeninitiative entstandenen und im Frühjahr 2005 veröffentlichten „Einblicke" stießen sowohl innerhalb der Bank als auch bei unseren Kunden auf ein un-

erwartet starkes Interesse. Zum 333-jährigen Bestehen des Bankhauses Metzler im Jahr 2007 wurde dieses Werk neu aufgelegt – mit erweitertem Inhalt, vielen zusätzlichen Bildern und in vollkommen neuer Gestaltung, die gleichermaßen die moderne Ausrichtung und die traditionsreiche Geschichte des Unternehmens spiegelt. Der erfreulichen Resonanz ist 2009 die aktualisierte Neuauflage zu verdanken.

Ich lade Sie dazu ein, diese neuen „Einblicke" aufzuschlagen und darin zu lesen. Vielleicht wird aus ihnen deutlich, wie die Familie Metzler mithilfe von klaren Werten, einer Strategie, die sich stets an den Erfordernissen der Zeit orientierte, und hohem persönlichen Einsatz ihr Unternehmen durch die Zeiten führte und dabei eine fruchtbare Unternehmenskultur schuf, die den Fortbestand des unabhängigen Bankhauses auch für die nächsten Generationen sichert. Möge dieses Werk dazu einen kleinen Beitrag leisten.

Im Herbst 2009

Stefan Ohmeis

Blick auf die Stadt Frankfurt von Westen, um 1760

Einleitung

Am Anfang

stand der Tuchhandel

Benjamin Metzler_Seite 67

Am Anfang stand der Tuchhandel | Das Bankhaus Metzler geht zurück auf eine Tuchhandlung, die Benjamin Metzler, ein Pfarrerssohn aus dem sächsischen Vogtland, im Jahre 1674 gründete. Benjamin Metzler ging 1663 im Alter von dreizehn Jahren nach Nürnberg, wo er eine Ausbildung in einem Handelshaus absolvierte. 1671 übersiedelte er nach Frankfurt und arbeitete zunächst drei Jahre als Buchhalter in einer bekannten Tuchhandlung.

Der Frankfurter Handel lebte, wie der aller anderen großen europäischen Handelsstädte, jahrhundertelang von der Kraft, die ihm die kaufmännischen Einwanderer aus der näheren und weiteren Umgebung immer wieder neu einflößten. Frankfurt profitierte damals von der Lage am Knotenpunkt wichtiger europäischer Handelswege. Der Handel konzentrierte sich zunehmend auf das Kommissions- und Speditionsgeschäft, was bereits Ende des 17. Jahrhunderts zu einer Koppelung von Waren- und Geldgeschäft führte. Aus dem Leistungsverbund von Speditions- und Kommissionswarenverkehr sowie kurzfristigem Kreditgeschäft sind zahlreiche Frankfurter Privatbanken hervorgegangen. Diesen Weg nahm auch das Unternehmen der Metzlers. Geld- und Wechselkreditgeschäfte wurden von Anfang an getätigt.

1658
Leopold I. wird in Frankfurt zum Kaiser des Heiligen Römischen Reichs Deutscher Nation gekrönt. Er regiert bis 1705.

1674
Benjamin Metzler gründet in Frankfurt am Main ein Handelshaus, aus dem schon bald das Bankhaus Metzler entsteht.

oben: Mann mit Ellenmaß, 1599
rechts: Frankfurt am Main, um 1658

Handelsunabhängige Finanzgeschäfte sind seit 1728 nachweisbar. Im Jahre 1738 bezeichnete sich Johann Jeremias Metzler als „merchand banquier", also als Kaufmann, der außer mit Waren auch mit Wechseln handelte.

UM 1700
Frankfurt hat etwa 23.000 Einwohner.

1740
Unter der Regentschaft von Friedrich dem Großen (bis 1786) erlebt Preußen seine Blütezeit. In Wien regiert Maria Theresia bis 1780.

1796
Die Firma Gebhard & Hauck wird in Frankfurt gegründet, aus der das Bankhaus Georg Hauck & Sohn hervorgeht.

oben: Der Geldwechsler und seine Frau, 1514; Gulden der Stadt Frankfurt, 1674
links: Am Rossmarkt, Geschäftssitz 1784–1826

Die Entwicklung zum Bankhaus fand unter der Leitung von Christina Barbara Metzler um 1760 weitgehend ihren Abschluss. 1771 trat Friedrich Metzler, einer der herausragenden Bankiers der Familie, in die Geschäftsleitung ein. Bereits 1779, in dem Jahr, als die Gebrüder Bethmann die erste Millionenanleihe für den deutschen Kaiser in Wien platzierten, stiegen auch die Metzlers in das schnell wachsende und profitable Staatsanleihegeschäft ein. Das Handelshaus hatte seine Aktivitäten bisher über die Geldaufnahme bei Verwandten, Geschäftsfreunden und vermögenden Personen fnanziert. Diese Refinanzierungsbasis wurde nun für die Auflage von Partialanleihen genutzt. Handelsgeschäfte wurden zwar auch später noch getätigt, allerdings hatten sie nur noch untergeordnete Bedeutung. Während die Gebrüder Bethmann die Habsburger finanzierten, arrangierten die Metzlers Finanzierungen für das preußische Königshaus. Die Erträge aus dem Anleihegeschäft waren beachtlich.

Christina Barbara Metzler_Seite 73
„Friedrich der Große"_Seite 79

Aufgrund erheblich gestiegener Risiken zog sich das Bankhaus Metzler in der Zeit Napoleons aus dem Staatsanleihegeschäft zurück. Als Georg Friedrich Metzler 1831 in die Geschäftsleitung eintrat, nahm das Geschäft erneut einen großen Aufschwung und ge-

1820

An der Frankfurter Börse wird die erste Aktie gehandelt. Der Handel mit Obligationen steht weiterhin im Mittelpunkt.

1848

Das erste gesamtdeutsche Parlament tritt in Frankfurt zusammen, erarbeitet und verabschiedet die deutschen Grundrechte und eine neue Reichsverfassung.

oben: Liebfrauenberg. Stich von Wenzel Hollar, 1635
rechts: Die Nationalversammlung in der Paulskirche zu Frankfurt am Main, 1848

Seite 101_Stadtrat von Metzler

langte unter ihm, seinen Söhnen Carl und Albert sowie seinem Vetter Gustav Metzler zu einer erneuten Blüte. Sie wandten sich dem Effekten- und Effektendepotgeschäft zu. Aufgrund ihrer Kompetenz und des hohen Vertrauens, das ihnen die Kunden entgegenbrachten, gelang es ihnen, das Depotgeschäft auszubauen, sodass Metzler bald zu den bedeutendsten Frankfurter Banken zählte. Nach dem Krieg 1870/71 baute man das damals lebhafte Effekten-Kommissionsgeschäft weiter aus. Viele der zahlreichen in Frankfurt lebenden vermögenden Privatiers zählten zu den Kunden des Bankhauses.

Bereits gegen Ende des 19. Jahrhunderts erkannte die Geschäftsführung des Bankhauses Metzler, dass der unmittelbare Wettbewerb mit den neu gegründeten Aktienbanken gleichbedeutend sein würde mit der Notwendigkeit eines raschen Bilanzwachstums, das über kurz oder lang die Unabhängigkeit des Hauses in Gefahr bringen würde. Ebenso war offensichtlich, dass in diesem über Mengen auszutragenden Wettbewerb die eigentlichen Stärken des Privatbankiers nicht zum Tragen kommen konnten. Die Reaktion auf diese Herausforderung war eine strategische Ausrichtung des Geschäfts, die noch heute, über hundert Jahre später, die Unternehmenspolitik entscheidend bestimmt. Im Wesent-

1871
Wilhelm I. wird in Versailles zum Deutschen Kaiser proklamiert.

1910
Die Preise erreichen Rekordhöhe. Die Verteuerung der Lebensmittel verursacht Streiks.

Die Proklamation des Deutschen Kaiserreichs, 1871

lichen beinhaltet sie den Verzicht auf das bilanzwirksame Geschäft bei gleichzeitiger Konzentration auf individuelle Finanzdienstleistungen – also auf das, worin der Privatbankier über die Jahrhunderte seine eigentliche Expertise erworben hat.

Metzler schränkte folglich zu Beginn des 20. Jahrhunderts das Kontokorrent- und Kreditgeschäft ein. Gleichzeitig wurde der Handel mit Effekten gezielt ausgebaut. In der ausgehenden Kaiserzeit und der Weimarer Republik verlor Frankfurt als Finanzzentrum des Reiches zugunsten Berlins stetig an Bedeutung. Dies und das zunehmend schwierigere gesamtwirtschaftliche Umfeld beeinträchtigten die Frankfurter Privatbankhäuser. Zwar wurde in dieser Zeit das Geschäft unverändert weitergeführt, jedoch in Anbetracht der größeren Unsicherheiten mit angemessener Zurückhaltung.

Die Blütezeit vieler Privatbankhäuser war schon vor dem Ersten Weltkrieg zu Ende gegangen. Beschleunigt wurde dieser Prozess durch die finanzwirtschaftlichen Verwerfungen des Ersten Weltkriegs und der großen Inflation in Deutschland. Bis 1914 erwirtschaftete das Bankhaus den jeweiligen Jahresgewinn schon zu Jahresbeginn durch die dann fälligen Wertpapier-

1914
Aus mehreren Stiftungen reicher Frankfurter Bürgerfamilien entsteht die Frankfurter Universität, die seit 1932 den Namen Johann Wolfgang Goethe-Universität trägt.

1918
Nach der Abdankung von Kaiser Wilhelm II. am 9. November wird die Republik ausgerufen. Mit Unterzeichnung des Waffenstillstands am 11. November endet der Erste Weltkrieg.

1924
Das Bankhaus Metzler besteht 250 Jahre. Das „Stadtrat-Albert-von-Metzler-Rennen“ wird erstmals auf der Frankfurter Galopprennbahn veranstaltet.

oben: Gedenkmedaille anlässlich des 200-jährigen Bestehens des Bankhauses, 1874
rechts: Stadtrat Albert von Metzler (1839–1918)

Depotgebühren. Die weiteren Erträge im Jahresverlauf gingen in die Rücklagen und stillen Reserven. Kriegsbedingte Verluste bei ausländischen Wertpapiervermögen und die weitere Entwertung deutscher Anleihen durch die Inflation änderten die Ertragssituation erheblich, obwohl sich die Verhältnisse in den Jahren bis 1928 wieder besserten.

Die Weltwirtschaftskrise ab Oktober 1929 sowie die große Bankenkrise im Juli 1931 brachten weitere spürbare Verluste. Das Bankhaus Metzler konnte diese schwierigen Jahre aber aus eigener Kraft überstehen. In der Zeit des Nationalsozialismus sowie des Zweiten Weltkrieges verlief das Bankgeschäft infolge der umfangreichen gesetzlichen Restriktionen und der Isolation vom Ausland in insgesamt ruhigen Bahnen. Politische Vorgaben, wie feste Börsenkurse, erschwerten das Wertpapiergeschäft zusätzlich. Dass das Bankhaus Metzler die politischen und wirtschaftlichen Turbulenzen der Zwischenkriegszeit, besonders die Jahre der Weltwirtschaftskrise sowie die Abschottung des deutschen Kapitalmarkts von internationalen Finanzplätzen während des „Dritten Reiches“ überlebte und seine Selbstständigkeit behielt, ist eine nicht zu unterschätzende Leistung. Den damaligen Geschäftsinhabern Hugo,

1929
Am 25. Oktober, dem so genannten Schwarzen Freitag, greift der seit dem Vortag in New York herrschende katastrophale Börsenkrach auf Europa über. Damit beginnt die Weltwirtschaftskrise.

1936
Der Rhein-Main-Flughafen wird eröffnet.

1943/44
Die Frankfurter Innenstadt wird durch Bombenangriffe stark zerstört.

oben: Banknote über 5 Milliarden Mark, 1924
links: Albert von Metzler (1898-1989)

Moritz, Albert und Dr. Gustav von Metzler gelang damit unter widrigsten Umständen etwas ganz Außergewöhnliches.

Im März 1944 fielen das Anfang des 19. Jahrhunderts erworbene Frankfurter Bankgebäude in der Großen Gallusstraße sowie die meisten Geschäftsunterlagen bei einem Luftangriff den Flammen zum Opfer. Nach dem Krieg normalisierte sich das Bankgeschäft erst langsam. Konsequent folgten die Teilhaber der strategischen Linie der Vorkriegszeit durch Konzentration der Kräfte auf die Dienstleistungsbereiche. Auf der Basis noch vorhandener alter Aktienbestände und ausgewählter Neuerwerbungen bildete man zunächst Eigenkapital in Form von stillen Reserven und Gewinnthesaurierungen. In der Zeit des beginnenden „Wirtschaftswunders“ setzten sich Albert und Dr. Gustav von Metzler dafür ein, das Bankhaus zunächst von innen heraus wieder aufzubauen und den Verlockungen der Zeit wie Bilanzwachstum, Filial- und Mengengeschäft zu widerstehen. Erst um 1960 war die Konsolidierung weitgehend abgeschlossen.

Albert von Metzler_Seite 107

Auf die Ende der 70er-Jahre international einsetzende Expansion der Wertpapiermärkte waren die Metzlers bestens vorbereitet. Nicht zuletzt profitierte

1948
Die Deutsche Mark löst bei der Währungsreform am 20. Juni die Reichsmark ab.

1949
Am 23. Mai 1949 wird die Bundesrepublik Deutschland gegründet. Die Deutsche Mark bleibt bis zum 31. Dezember 2001 die Währungseinheit in der Bundesrepublik.

1957
Die Deutsche Bundesbank nimmt ihre Geschäfte in Frankfurt auf.

oben: 10-DM-Schein aus der ersten Serie, 1949
rechts: Dr. Gustav von Metzler (1908–1984)

man von der Konzentration des Wertpapierhandels auf den Standort Frankfurt. Gleichzeitig trieb Metzler seine Entwicklung zum Investmenthaus angelsächsischer Prägung voran. Das kommerzielle Geschäft trat weiter in den Hintergrund, die Geschäftsfelder Wertpapierberatung und -handel, Vermögensverwaltung, Devisenberatung und -handel, Außenhandel sowie Corporate Finance gewannen weiter an Bedeutung.

Um die langfristige Unabhängigkeit und die Kontinuität des Unternehmens zu sichern sowie die Kapitalbasis zu stärken, wurde es 1986 von einer Personengesellschaft zu einer Kapitalgesellschaft in Form einer Kommanditgesellschaft auf Aktien umgewandelt. Ohne Zufuhr von außen konnten die ausgewiesenen Eigenmittel erheblich aufgestockt werden, wobei der Grundsatz beibehalten wurde, die Bildung stiller Reserven zu pflegen. Der Kreis der Gesellschafter blieb auf die Mitglieder der Familie von Metzler begrenzt. Im gleichen Zug bildete man in Anlehnung an Konstruktionen in der angelsächsischen Bankenwelt eine Holdingstruktur, deren Muttergesellschaft unter B. Metzler seel. Sohn & Co. Holding AG firmiert. Einige Geschäftsfelder, deren Kern stets der Gedanke individueller Kunden-

1971
Christoph von Metzler wird zusammen mit seinem Vetter Friedrich von Metzler in die Geschäftsleitung des Bankhauses berufen.

AB 1980
Das Bild der Frankfurter Innenstadt wird zunehmend von Hochhäusern geprägt. Der Messeturm (257 m) und der Commerzbank-Tower (259 m) gehören zu den höchsten Bürohäusern Europas.

oben: Friedrich von Metzler unterschreibt mit dem Firmennamen
links: Frankfurt am Main, Skyline

beratung ist, liegen seitdem in der Verantwortung selbstständiger Schwestergesellschaften der Bank.

Die Geschäftsphilosophie war über Jahrhunderte darauf ausgerichtet, „die Kunden möglichst individuell zu behandeln, auf ihre Wünsche einzugehen und sich dadurch einen festen Stamm anhänglicher Kunden zu sichern, welche so nicht nur Geschäftsfreunde, sondern auch wirkliche Freunde werden“. Die Bewahrung der Unabhängigkeit ist ein weiteres Leitbild, dem die Metzlers in der langen Firmengeschichte unbeirrt und zielstrebig folgten und bis heute folgen. Die geeigneten Mittel dazu sind der langfristige Geschäftserfolg und die nachhaltige Profitabilität. Diesen Erfolg hat das Bankhaus Metzler in der Vergangenheit erzielt durch Konzentration auf Gebiete, in denen es unabhängig von der Größe mindestens genauso gute oder bessere Dienstleistungen erbringen kann wie die größten Wettbewerber. Der verantwortungsvolle Umgang mit der Unabhängigkeit schafft Glaubwürdigkeit bei den Kunden und fördert langfristige Geschäftsbeziehungen und somit den Erfolg. Unternehmergeist im Metzler'schen Sinne heißt Bewahrung durch Veränderung.

333 Jahre

1992
Die Deutsche Börse AG geht aus der Frankfurter Wertpapierbörse hervor.

2002
Der Euro wird in zwölf Staaten der Europäischen Union als gemeinsame Währung eingeführt. Der Euro ist seitdem gesetzliches Zahlungsmittel. Die Deutsche Mark wird aus dem Verkehr gezogen.

2007
Das Bankhaus Metzler feiert sein 333-jähriges Bestehen.

Friedrich von Metzler, Bankier in elfter Generation

Mitarbeiter des Bankhauses Metzler, um 1870

Bank

Das kleine unbekannte „seel.“

und die

Geschichte

eines langen Firmennamens

Das kleine unbekannte „seel.“ und die Geschichte eines langen Firmennamens | Eine der häufigsten Fragen zum Firmennamen des Bankhauses Metzler betrifft das kleine „seel“ mit dem Punkt. Woher kommt das „seel.“, wofür steht es und was bedeutet es?

Der Firmenname des Bankhauses lautet schon seit Generationen „B. Metzler seel. Sohn & Co.“. Das „B.“ steht für den Vornamen des Gründers, Benjamin Metzler. Zunächst hieß das als Personengesellschaft gegründete Handelshaus schlicht „Benjamin Metzler“. Nach dem frühen Tod des Firmengründers im Jahre 1686 fügte man diesem Firmennamen den damals üblichen Zusatz „seel.“ hinzu – eine Abkürzung für seelig, was nichts anderes als „verstorben“ heißt. Der unauffällige Punkt signalisiert die Abkürzung. Die Verwendung von „seel.“ in einem Firmennamen ist die früher übliche Anerkennung des verstorbenen Gründers der Firma.

Benjamin Metzler_Seite 67

Das Wort seelig ist mit Wörtern wie Seele und Seelsorge verwandt. Bei der Evolution der Sprache verlor „seelig“ eines seiner beiden „e“ und wurde zu „selig“. In Bezug auf Verstorbene wird es heute noch gelegentlich gebraucht. Insbesondere bei Personen jüdischen Glaubens ist es üblich, als Respektsbezeugung gegen-

סֶעלְיג

1744
Unter Johann Albrecht Metzlers Leitung wird die Firma umbenannt in „Benjamin Metzler seel. Sohn und Konsorten“. Als Konsorten fungieren Christina Barbara Metzler und Wilhelm Peter Metzler aus Bordeaux.

1760
Erstmals führt die Firma den Zusatz „Bankiers“. Im selben Jahr werden bedeutende Wechselbriefgeschäfte getätigt und Darlehen gewährt. Der Übergang zum Bankhaus findet seinen Abschluss.

oben: Hebräisch „selig“
rechts: Sitzungssaal im Bankhaus Metzler, um 1900

METZLER
B. Metzler seel. Sohn & Co.

über den Verstorbenen dem Nachnamen ein „sel." oder „sel. A." für „seligen Angedenkens" hinzuzufügen. Auch im allgemeinen Sprachgebrauch waren Formulierungen wie „Wie mein Großvater, selig, schon sagte" früher gebräuchlicher als heute.

Der Vorname des Firmengründers Benjamin Metzler verschwand, nachdem seine beiden Söhne in die Firma eingetreten waren und weitere Gesellschafter aufgenommen hatten. Übrig blieb der Anfangsbuchstabe „B." für Benjamin. Dafür wurde der Firmenname nicht nur um das „seel." erweitert, sondern auch noch durch die Worte „Sohn" für die Söhne und „& Co." für die Kapital gebenden Konsorten.

Der mehr als dreihundert Jahre alte Firmenname, übrigens der zweitlängste in Deutschland, ist heute vielleicht etwas lang und ungewöhnlich. Er ist aber etwas Besonderes, weist auf das hohe Alter des Unternehmens und seine Kontinuität hin – und erzählt bereits einiges über die Geschichte der Bank.

B. METZLER SEEL. SOHN & CO.
GEGR. 1674

DRAHTANSCHRIFT:
„METZLERCO" FRANKFURTMAIN

POSTSCHECK-KONTO:
FRANKFURT (MAIN) NR. 1525

FERNSPRECHER: NR. 70871

1938
Das Bankhaus B. Metzler seel. Sohn & Co. wird von einer oHG in eine Kommanditgesellschaft umgewandelt.

1986
Mit der Umwandlung in eine „Kommanditgesellschaft auf Aktien" und der Ausgliederung von Aktivitäten in selbstständige Unternehmen im Rahmen einer Holdingstruktur erhält die Privatbank eine zukunftsorientierte Basis mit erhöhtem Eigenkapital. Die Aktien werden ausschließlich von der Familie von Metzler gehalten.

oben: Briefkopf B. Metzler seel. Sohn & Co., um 1930
links: Bankhaus Metzler, um 1930

Als Teilhaber zeichnen:

Herr HUGO VON METZLER:

Herr MORITZ VON METZLER:

Herr ALBERT VON METZLER:

als Einzelprokurist:

Herr HERMANN PETERSEN:

als Kollektivprokuristen: je zwei zusammen oder je einer mit einem Handlungsbevollmächtigten:

Herr HANS SIPF:

Herr CARL FAUST:

Herr FRITZ DRESSLER:

Fräulein THERESE HUMSER:

Herr FRITZ SCHNEIDER:

Herr HERMANN SAUER:

als Handlungsbevollmächtigte: je einer mit einem Prokuristen:

Herr KARL SCHMIDT:

Herr HEINZ AUERSWALD:

Unterschriftenverzeichnis, 1924

Die wichtigsten

Aktiva

stehen nicht
in der

Bilanz:

Die Mitarbeiter

„Ausgestattet mit den Gaben seltener Pflichttreue und liebenswürdiger Bescheidenheit" – Die wichtigsten Aktiva stehen nicht in der Bilanz: Die Mitarbeiter | Die strategische Ausrichtung und technische Ausstattung machen Metzler zu einem modernen Unternehmen. Der heutige Empfangsbereich im Stammhaus in der Großen Gallusstraße ist offen, hell, modern und freundlich. In den verschiedenen Metzler-Gesellschaften verdienen derzeit etwa 700 Angestellte „ihr Brot". Fast alle Arbeitsplätze befinden sich im Inland. Die hoch spezialisierten Fachkräfte stammen aus mehr als 20 Nationen. Fast die Hälfte der Mitarbeiter sind Frauen. Moderne Kommunikationsmittel ermöglichen auch Tele- und Heimarbeitsplätze. Heutige Angestellte verkörpern „Unternehmergeist in jeder Position" – sie handeln unternehmerisch mit hoher Selbstverantwortung. Käme ein Angestellter, der vor mehr als hundert Jahren bei Metzler arbeitete, heute ins Bankhaus zurück, wäre er völlig überrascht, wie grundlegend sich nicht nur die Zahl der Angestellten und deren Tätigkeiten, sondern auch das Bankgeschäft selbst verändert hat.

Um 1900 war vieles anders: Für den Empfang war ein Portier zuständig. Ein würdiger, weißbärtiger Mann

1888
Hugo von Metzler wird in die Geschäftsleitung des Bankhauses berufen. Er nimmt diese Aufgabe 67 Jahre bis zu seinem Tod im Jahr 1955 wahr.

1900
Am 1. Januar treten das Bürgerliche Gesetzbuch (BGB) und das Handelsgesetzbuch (HGB) in Kraft.

1900
Das Großherzogtum Baden lässt als erstes deutsches Land Frauen als ordentliche Studierende zu.

Portier vor dem Bankhaus, spätes 19. Jahrhundert

Portier vor dem Eingang Große Gallusstraße 18, um 1900

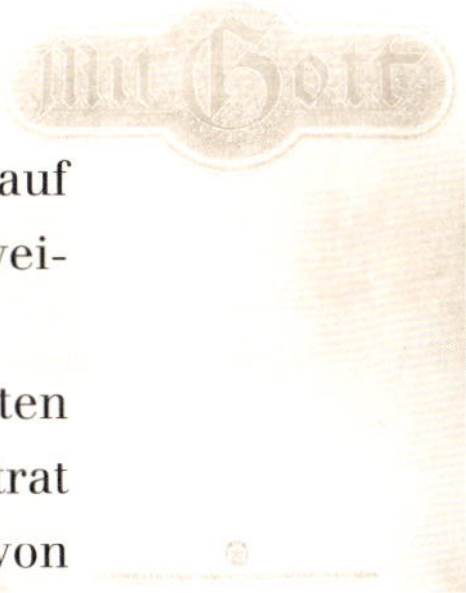

in dunkelblauer Livree stand in der Toreinfahrt, oft auf einen Stock gestützt. Auf dem Kopf trug er einen „Zweimaster“, der das Interesse vieler Passanten fand.

In der Bank arbeiteten bis zum Ausbruch des Ersten Weltkrieges die vier Partner Carl von Metzler, Stadtrat Albert von Metzler, Hugo von Metzler und Moritz von Metzler sowie achtzehn Mitarbeiter. Zwei von ihnen waren Prokuristen, neun Angestellte, drei Lehrlinge, zwei Kassenboten und zwei Portiers. Es gab weder Direktoren noch Frauen – aber vier Teilhaber, deren Schreibtische in einem gemeinsamen Büro standen. Neben dem Chefbüro gab es im so genannten Chef-Cabinet ein gelbes Zimmer als Empfangsraum und einen blauen Salon als Besuchsraum. Daran schloss sich das „große Büro“ an, dann folgten das Effekten-Büro und die Kasse. Der Tresorraum befand sich im Keller. Zu dieser Zeit arbeitete man im Bankhaus noch an hohen Pulten, meist stehend oder auch auf einem Drehstuhl sitzend, bei Gasbeleuchtung. Wenn es frühzeitig dunkel wurde, zündete der jüngste Lehrling mit einem so genannten Wachsstock, einer Art Kerze, in allen Büros – angefangen im Chef-Cabinet – die Gaslampen an.

Alle Arbeiten wurden damals manuell ausgeführt, da außer einer Handpresse zum Kopieren keine Maschinen

1904–1908
In Frankfurt wird eine Straßenbahnlinie durch die Altstadt gelegt. Dazu wird durch die jahrhundertealte Bausubstanz die Braubachstraße gebaut. Dabei werden mehr als hundert Häuser abgerissen.

1914
Der österreichische Erzherzog und Thronfolger Franz Ferdinand wird bei einem Attentat in Sarajevo ermordet. Daraufhin erklärt Österreich-Ungarn Serbien den Krieg. Der Erste Weltkrieg beginnt.

1914–1918
Während des Ersten Weltkriegs wird Frankfurt Ziel von elf Fliegerangriffen.

oben: Vorsatz Geschäftsbücher „Mit Gott“
rechts: Stadtrat Albert von Metzler (1839–1918)

zur Verfügung standen. Die Geschäftsdaten wurden in Bücher eingetragen, die meist groß und schwer waren, da sie die Geschäftsvorgänge eines ganzen Jahres aufnehmen sollten. Einige Kontokorrent-, Wechselkopier-, Wechselverfall- und Depotbücher sind heute noch erhalten. Die wichtigsten dieser schweren Bücher wurden über Nacht im Tresorraum im Keller aufbewahrt. Der tägliche Hin- und Her-Transport war eine Aufgabe der Lehrlinge.

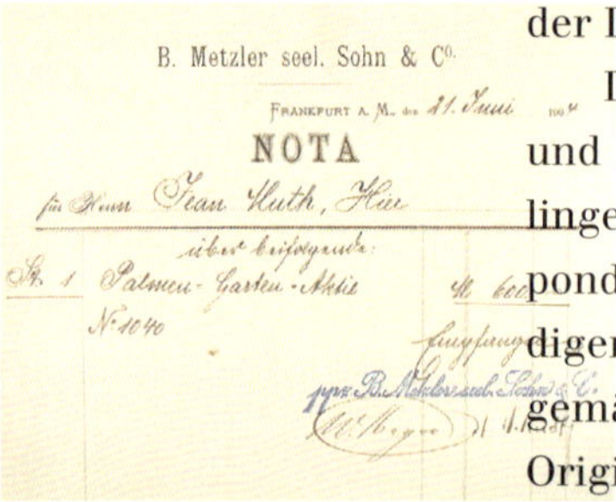
B. Metzler seel. Sohn & Co.
Frankfurt a. M. den 21. Juni 1904
NOTA
für Herrn Jean Huth, Hier
über beifolgende:
St. 1 Palmen-Garten-Aktie
No 1040

Das Bankhaus betrieb ein umfangreiches Wechsel- und Effektengeschäft. Eine weitere Aufgabe der Lehrlinge war es, die Wechselurkunden sowie die Korrespondenz zu kopieren, und zwar mittels eines aufwändigen Verfahrens mit nassen Löschblättern. Bei unsachgemäßem Vorgehen konnte dies schnell den Verlust der Originale zur Folge haben. Daher wurden Wechsel über besonders hohe Beträge oder von bedeutenden Kunden von einem Angestellten oder sogar vom Partner Hugo von Metzler persönlich kopiert. Von besonderer Bedeutung war das Effekten- und Depotgeschäft, wo große Vermögenswerte verwaltet und beachtliche Börsengeschäfte getätigt wurden. Daher behaupteten die Prokuristen Meyer und Scheidt gerne, „im Effekten-Büro ist der Sitz der wahren Tätigkeit". An die heute übliche

1918
Die Novemberrevolution von 1918 führt auch in Frankfurt zur Bildung eines Arbeiter- und Soldatenrats.

1923
Albert von Metzler wird in die Geschäftsleitung des Bankhauses Metzler berufen.

1923
Die Inflation erreicht ihren Höhepunkt. Am 15. November werden für einen Dollar 4.200 Milliarden Mark gezahlt. Mit Einführung der Rentenmark an diesem Tag endet die Hyperinflation.

oben: Empfangsbestätigung, 1904
links: Hugo von Metzler (1862–1955)

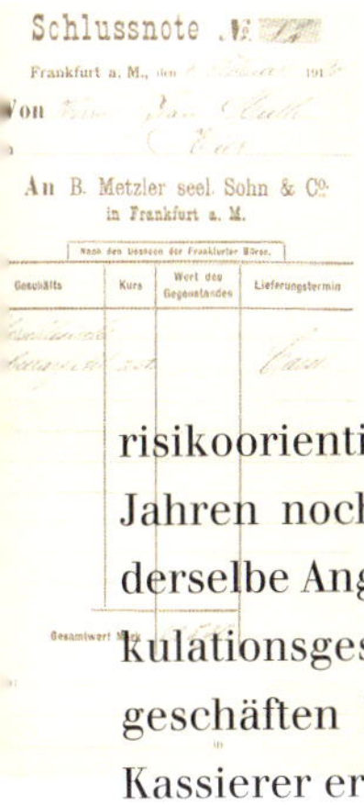
Schlussnote

Frankfurt a. M., den 191

Von

An B. Metzler seel. Sohn & Co.
in Frankfurt a. M.

Nach den Usancen der Frankfurter Börse.

Geschäfts	Kurs	Wert des Gegenstandes	Lieferungstermin

Gesamtwert

risikoorientierte Aufgabenteilung dachte vor hundert Jahren noch niemand: So erteilte die Börsenaufträge derselbe Angestellte, der auch das Depot führte. Von Spekulationsgeschäften an der Börse sowie von Emissionsgeschäften hielt sich das Bankhaus fern. Die beiden Kassierer erledigten den Kassenverkehr, die Korrespondenz und den bereits eingeführten bargeldlosen Abrechnungsverkehr bei der Deutschen Reichsbank.

Im Allgemeinen war der Geschäftsgang in der Zeit vor dem Ersten Weltkrieg viel ruhiger und beständiger, die Arbeitszeit auch kürzer als heute. Die Angestellten begannen ihren Dienst um 9 Uhr, legten zwischen 12.30 Uhr und 14.30 Uhr eine Mittagspause ein und waren an normalen Arbeitstagen um 17 Uhr mit ihrer Arbeit fertig. Aber es hätte niemand gewagt, das Haus zu verlassen, bevor nicht die Chefs gegangen waren. Eine etwas kuriose Einrichtung waren die drei „Putztage“, die jährlich regelmäßig im Mai und September jeweils von Montag bis Mittwoch durchgeführt wurden. An den Montagen und Dienstagen wurden die Außenräume geschrubbt, am Mittwoch kamen die Büros an die Reihe. Die Angestellten bekamen an diesen Nachmittagen bereits um 12.30 Uhr dienstfrei und erhielten zusätzlich ein einheitliches Taschengeld von 2 Mark 10, „damit sie

1924
Anlässlich des 250-jährigen Bestehens erscheint die Publikation „Die Familie und das Bankhaus Metzler in Frankfurt am Main“.

1924
Die Rentenmark wird durch die Reichsmark ersetzt, die international als Goldwährung gilt.

oben: Schlussnote, 1920
rechts: Bankhaus Ecke Große Gallus-/Neue Mainzer Straße, um 1920

den freien Nachmittag auch wirklich genießen konnten". Das „Putztagsgeld" war eine Prämie, die viele Jahre gezahlt wurde. Als Frankfurt noch Freie Reichsstadt war, war das Putztagsgeld ein glatter Guldenbetrag. Durch die Währungsumstellung auf die Mark wurde er ungerade – allerdings kein Grund für die Chefs, den Betrag anzupassen.

Loyalität war selbstverständlich. Die meisten Angestellten traten als Lehrling in ein Unternehmen ein und blieben dort ihr ganzes Berufsleben lang. Betriebsjubiläen über Zeiträume, die heute unvorstellbar sind, waren vor hundert Jahren durchaus geläufig. So feierte der Prokurist Wilhelm Meyer am 1. Mai 1916 sein 60-jähriges und fünf Jahre später sogar sein 65-jähriges Betriebsjubiläum. Dabei gab es wesentlich weniger Urlaubstage zur Erholung als heute: Um die Wende zum 20. Jahrhundert bekam ein Angestellter im Durchschnitt 18 Tage Urlaub im Jahr, ein Lehrling nur zwölf. Bei der nächsten Jahrhundertwende hatte jeder Angestellte Anspruch auf 30 Tage Jahresurlaub.

Erste technische Modernisierungen zogen kurz nach 1900 im Bankhaus ein. Als erstmals ein Telefonapparat im Bankhaus klingelte, brach eine neue Ära an. Kurz vor dem Ersten Weltkrieg wurde die Gasbeleuchtung

1928
Nach der Genehmigung zur Benutzung von Postleitungen findet der Fernschreiber rasche Verbreitung in der Wirtschaft.

1938
Auf Wunsch seines Freundes Dr. Herbert von Marx übernimmt Albert von Metzler vier Angestellte sowie Teile des Bankgeschäfts vom Bankhaus Bass & Herz.

oben: Frühes Telefon, Nixdorf-Museum
links: Blick in die Große Gallusstraße, 1932

durch eine elektrische Beleuchtung ersetzt und die erste Schreibmaschine in Betrieb genommen.

Eine regelrechte Revolution setzte im Bankhaus während des Ersten Weltkrieges ein. Einige Angestellte wurden eingezogen, um Kriegsdienst zu leisten, und fehlten somit im Büro. In der Kriegs- und Inflationszeit fielen zusätzliche, unproduktive Arbeiten an. Schon während des Krieges hatte die Anzahl der Konten erheblich zugenommen. Während der Inflationszeit mussten der immer schneller werdende Umlauf von Geld und Wertpapieren sowie das Rechnen mit sich ständig ändernden Werteinheiten bewältigt werden. Die Mengen stets wertloser werdenden Papiergeldes, vermehrte Kreditanfragen, Börsen- und Devisenorders ließen sich kaum noch bearbeiten. All dies konnte die dezimierte Belegschaft nicht mehr bewältigen. Daher entschieden sich die Partner nach Beginn des Ersten Weltkrieges „wegen Mangel an Männern“ für die Einstellung von Frauen – was ohne diese Notlage damals undenkbar gewesen wäre. So waren im Jahre 1916 bereits fünf von zwölf Angestellten weiblich, darunter zwei junge Damen, die eine Banklehre absolvierten. Auch nach Kriegsende blieben die Frauen weiterhin angestellt und ein tragender Bestandteil der Belegschaft. In der Nach-

en: Personal-Buch, 1923–53
ten: Geschäftsleitung und Angestellte, 1916

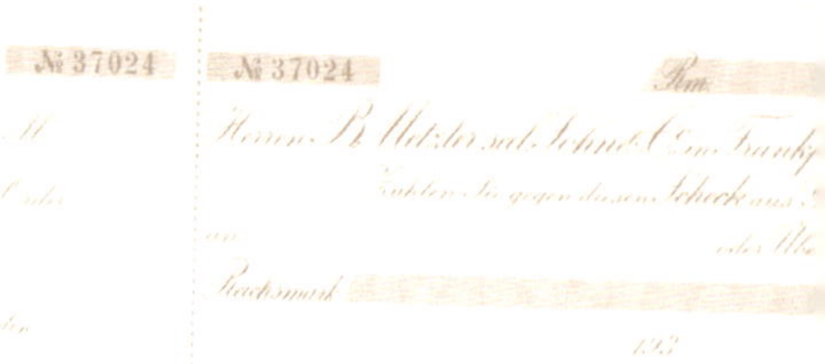

kriegszeit wuchs die Belegschaft sogar auf 40 Angestellte im Jahre 1922.

Durch die geringe Anzahl der Angestellten, das beschaulichere Arbeiten und die lange Betriebszugehörigkeit entstand eine intensive persönliche Beziehung zwischen Angestellten und Partnern der Bank. An Schicksalsschlägen nahm man regen Anteil. Daher war es für die Partner des Bankhauses eine besonders schwere Entscheidung, in der Wirtschaftskrise 1924/25 zwei Drittel der Belegschaft entlassen zu müssen. Neben der risikoarmen und zurückhaltenden Geschäftsausrichtung sorgte sowohl dieser einschneidende als auch ein weniger gravierender Personalabbau in den Jahren 1930–32 dafür, dass die Bank aus eigener Kraft und ohne fremde Hilfe überleben konnte. Denn gerade in diesen Jahren wurden fast alle deutschen Banken zahlungsunfähig, und die meisten Privatbankiers mussten ihre Unternehmen schließen. Die wirtschaftlichen Rahmenbedingungen verbesserten sich auch nicht während des so genannten „Dritten Reichs". Daher blieb die Zahl der Angestellten überschaubar: Im Jahre 1935 arbeiteten insgesamt nur 21 Personen beim Bankhaus Metzler – sechs Prokuristen, acht Büroangestellte, zwei Lehrlinge sowie fünf Kassenboten, Pförtner und Putzfrauen. Trotz

1944
Das Geschäftshaus in der Großen Gallusstraße 18 wird am 18. März bei einem Bombenangriff fast vollständig zerstört. Ein Großteil der Geschäftsunterlagen geht verloren.

1945
Der Einmarsch amerikanischer Soldaten am 26. März 1945 beendet in Frankfurt die nationalsozialistische Diktatur und den Zweiten Weltkrieg.

1947
Die Länder der amerikanischen, britischen und französischen Zone erhalten eine übergeordnete Verwaltung. Der Wirtschaftsrat hat seinen Sitz in Frankfurt am Main.

oben: Scheckformular, um 1930
links: Große Gallusstraße 18, um 1940

aller widrigen Umstände waren die Partner des Bankhauses 1937 und 1938 bereit, einige Angestellte von anderen Privatbankhäusern zu übernehmen, die in dieser Zeit schließen mussten. Dadurch vergrößerte sich bis 1940 die Mitarbeiterzahl um 80 Prozent auf 38 Angestellte – ohne erkennbare Belebung des Geschäftsbetriebes.

Solange der Angestelltenkreis noch überschaubar war, war es für die Partner der Bank selbstverständlich, ihre Angestellten auch an persönlichen Ereignissen und Familienfesten teilnehmen zu lassen – sogar über den Tod hinaus. So legte Stadtrat Albert von Metzler testamentarisch fest, aus seinem Erbe jedem Angestellten ein „Andenken-Geld" zu zahlen, das nach seinem Tod im Mai 1918 von den Angestellten „mit ehrerbietiger Dankbarkeit" entgegengenommen wurde. An jedem Geburtstag eines Partners gab es Kuchen für alle Mitarbeiter, und zu runden Geburtstagen oder Hochzeiten war auch eine Feier für die Angestellten selbstverständlich. Vor Weihnachten und an Silvester gingen die Partner mit ihren Ehefrauen durch die Bank und überbrachten den Mitarbeitern ihre Glückwünsche. Dabei nahmen sie sich Zeit, mit jedem einige persönliche Worte zu wechseln. Mit wachsender Betriebsgröße über-

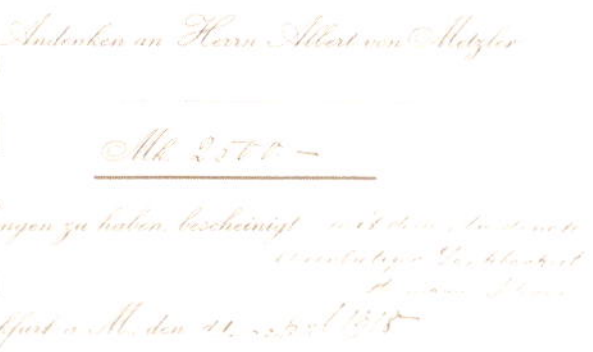
Im Andenken an Herrn Albert von Metzler

Mk. 2500 –

empfangen zu haben bescheinigt

Frankfurt a. M. den

1949
Frankfurt und das Rhein-Main-Gebiet entwickeln sich schnell zu einem bedeutenden Wirtschaftszentrum. Frankfurt wird in der Folgezeit zu einem der führenden Finanzplätze Europas.

1966
Erstmals seit fast 300 Jahren wählen die Angestellten des Bankhauses Metzler einen Betriebsrat.

oben: Quittung über das „Andenken-Geld", 1918
rechts: Buchhaltungs- und Personalchef des Bankhauses, 1960

nahmen die Abteilungsleiter diese Aufgabe. Silvester war bis zur Wende ins 21. Jahrhundert ein ganz normaler Arbeitstag, an dem eine körperliche Inventur durchgeführt und die Bilanz erstellt wurde. Vor Einführung der EDV im Jahre 1972 dauerte es oft bis tief in die Nacht, bis der letzte Bestand erfasst und die letzte Differenz geklärt war. Alle mussten mithelfen. Damit kein Angestellter den Arbeitsplatz verlassen musste, um sich etwas zum Abendessen zu besorgen, servierte Albert von Metzlers Ehefrau Elisabeth abends selbst belegte Brötchen und Brote. Dieser liebevolle Service und die persönliche Note machten die Verpflegung zu etwas Besonderem. Und sie förderte die gute Stimmung und ein langes Durchhaltevermögen – denn oft gingen die Angestellten erst nach Hause, nachdem sie um Mitternacht das neue Jahr begrüßt hatten.

In der ersten Zeit nach dem Zweiten Weltkrieg arbeiteten die Mitarbeiter in einer Notunterkunft in einem Hinterhaus des Bankhauses in der Großen Gallusstraße 18. Die Angestellten mussten im Winter mithelfen, das notwendige Brennholz zu beschaffen. Die Chefsekretärin von Prinz Lobkowitz brachte das Holz für ihr Büro und das ihres Chefs jeden Morgen mit dem Fahrrad aus Neu-Isenburg mit.

Seite 49_Das Salz in der Suppe

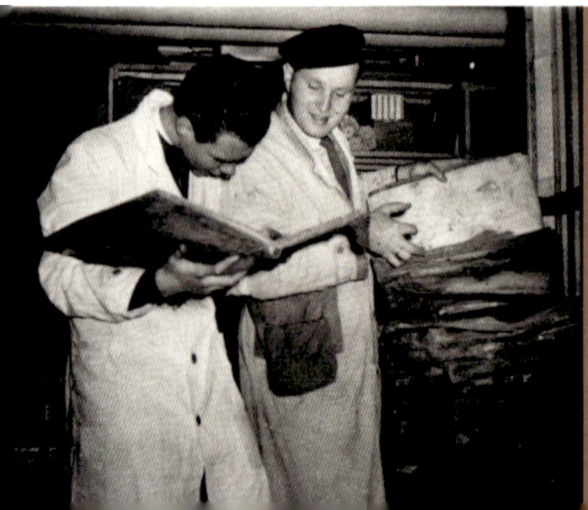

1969
Ein Zentralrechner wird im Bankhaus zunächst für die Depotbuchhaltung und Effektenverwaltung angeschafft, später auch für die Finanzbuchhaltung und Geschäftsabwicklung.

1971
Mit dem Eintritt von Christoph von Metzler und Friedrich von Metzler in die Geschäftsleitung wird die Entwicklung zum Investmenthaus angelsächsischer Prägung vorangetrieben.

oben: Nachttresormünze, vor 1970
links: Aufräumen der erhalten gebliebenen Akten im Keller, ca. 1955

Generell waren nicht nur die Partner, sondern auch die Mitarbeiter davon überzeugt, dass Einsparungen von Sachkosten das Gesamtergebnis verbessern. Dies führte zu einer Sparsamkeit, wie sie heute kaum vorstellbar ist und die zeigt, wie schonend man früher mit Ressourcen umging. So wurde Büromaterial von Familienmitgliedern oder den Chefs persönlich verwaltet und ausgegeben. Es wurde generell erst erneuert, wenn es vollkommen aufgebraucht war. Meistens schrieb man mit Bleistiften. Wenn diese zu kurz wurden, um noch richtig in der Hand zu liegen, wurde ein Bleistiftverlängerer genutzt, bis das Schreibgerät vollständig verbraucht war. Briefpapier, auf dem man sich verschrieben hatte, wurde in Form von Schmierpapier wiederverwandt, da die Rückseite noch frei war – eine Form der Sparsamkeit, die es heute noch vereinzelt gibt. Benutzte Tippstreifen der Additionsmaschinen rollte man seitenverkehrt wieder auf und verwendete sie ein zweites Mal.

Die Firmenkunden werden seit jeher entweder vor Ort besucht oder ihre Vertreter in einem Besprechungsraum empfangen. Die meisten Privatkunden und die Boten der Geschäftskunden bediente man im Schalterraum, in dem sich auch der Kassenschalter befand. Die

1972

Das Bankhaus veröffentlicht erstmals einen Geschäftsbericht.

oben: Schreibmaschine „Adler", um 1960
rechts: Feier in der Schalterhalle, 1967

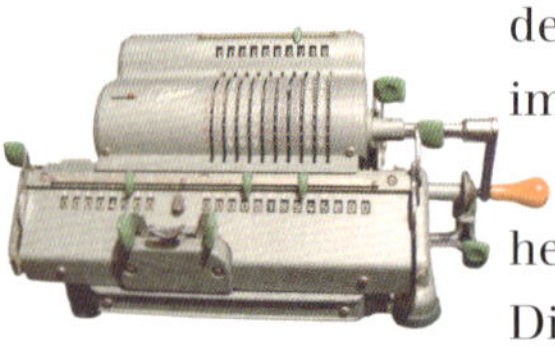

Weiterentwicklung der Geschäftsausrichtung machte den Schalterbetrieb entbehrlich; schließlich wurde er im Jahre 2002 geschlossen.

Irritiert wären frühere Angestellte auch von den heutigen Arbeitszeiten und der heutigen Kleiderordnung. Die feste Arbeitszeit wich 1974 der Gleitzeit, der 2001 die Vertrauensarbeitszeit folgte. Seit Einführung des Euros als gemeinsame Währung innerhalb der EU wurden die Öffnungszeiten für Handelssysteme, Clearing- und Zahlungsverkehrssysteme vereinheitlicht und wesentlich erweitert – mit dem Ergebnis, dass heute bis in die Nacht hinein und an fast allen Feiertagen eine erhebliche Schar Angestellter in der Bank tätig ist. Die bei Banken traditionell strenge Kleiderordnung hat sich ebenfalls verändert. So waren Sandalen generell verpönt, und die weiblichen Angestellten durften bis in die 70er-Jahre des 20. Jahrhunderts keine Hosen tragen. Seit Sommer 2000 ist es Metzler-Angestellten ohne unmittelbaren Kundenkontakt ganzjährig gestattet, „casual", also in gehobener Freizeitkleidung, ihrer Arbeit nachzugehen – vor hundert Jahren ein unvorstellbarer Zustand!

Seit jeher gehörte es zur „Metzler-Kultur", dass die Mitarbeiter ohne anzuklopfen in jedes Büro eintreten

2002

Der unbedeutend gewordene Kassen- und Schalterbetrieb wird eingestellt.

oben: Rechenmaschine, ca. 1960
links: Schalterhalle, 1970

durften, auch in die der Vorgesetzten. Sie mussten auch niemals rückwärts wieder den Raum verlassen, sondern gingen erhobenen Hauptes.

Trotz der völlig veränderten Verhältnisse offenbart die Gegenüberstellung mit dem Bankgeschäft um 1900 auch Konstantes. So waren und sind Krankenstand und Fluktuation traditionell niedrig – möglicherweise aufgrund der bei Privatbanken üblichen persönlichen Beziehung zwischen Angestellten und Partnern. Die längere Betriebszugehörigkeit ist die Grundlage für die gerade bei Privatbankiers besonders wichtigen Werte Kontinuität und Erfahrung – in der Kundenbetreuung ein bemerkenswerter Wettbewerbsvorteil.

Handelsraum, 2007

Warum die
Geschäftsleiter des

Bankhauses

mit dem

Firmennamen

unterschreiben

Warum die Geschäftsleiter des Bankhauses mit dem Firmennamen unterschreiben |

Empfänger von Geschäftsbriefen oder Verträgen reagieren manchmal erstaunt, wenn das Dokument statt einer oder zwei Unterschriften mit Personennamen den handschriftlichen Firmennamen trägt. Was über Jahrhunderte hinweg üblich war, wird heute im allgemeinen Geschäftsverkehr nur noch in wenigen Unternehmen praktiziert – für ein traditionsreiches Bankhaus ein besonderes Merkmal.

Geschäftsführer von Personengesellschaften und Vorstände von Kapitalgesellschaften können anstatt mit ihrem Namen auch mit dem der Firma unterschreiben. Daher dürfen die persönlich haftenden Geschäftsführer des Bankhauses mit „B. Metzler seel. Sohn & Co. KGaA“ unterschreiben. Diese Besonderheit ließ sich auch nach der Umwandlung in eine Kommanditgesellschaft auf Aktien im Jahr 1986 erhalten.

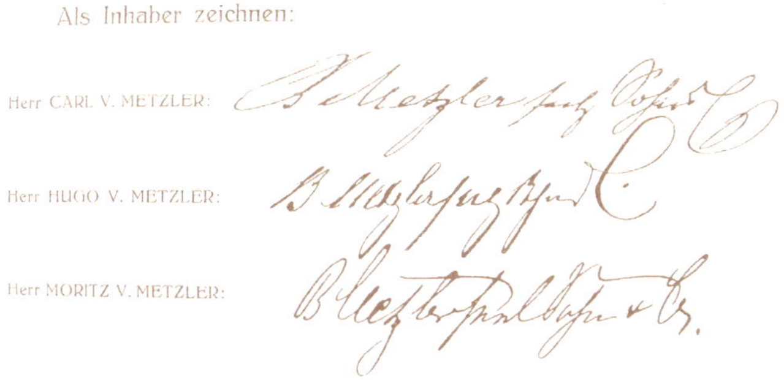

von links:

Carl von Metzler (1835–1922)

Hugo von Metzler (1862–1955)

Moritz von Metzler (1869–1935)

Wie das Salz in der Suppe

Familienfremde Geschäftsführer

Wie das Salz in der Suppe – familienfremde Geschäftsführer | Wie oft liest man „im Mannesstamm erloschen“, „ohne Nachfahren“ oder „wegen fehlender geeigneter Nachfahren“ und empfindet solche Feststellungen als normal in der Evolutionsgeschichte von Familien- oder Personengesellschaften. Umso mehr springt ins Auge, wenn eine Familie es geschafft hat, ihr Unternehmen über elf Generationen ununterbrochen erfolgreich zu leiten, es mehr als 330 Jahre fortzuführen und weiterzuentwickeln. Diese herausragende Leistung ist natürlich nicht vorhersehbar. Selbstverständlich gehört eine gehörige Portion Glück dazu, wenn die Unternehmenslenker immer wieder Nachfahren haben, die geeignet und willens sind, die Verantwortung für das Familienunternehmen zu übernehmen. Die Metzler-Familie hat es bisher geschafft. Trotzdem gab es auch immer wieder Zeiten, in denen zunächst keine geeigneten Familienmitglieder für die Geschäftsführung zur Verfügung standen oder in denen die Unternehmensausrichtung neue Fähigkeiten benötigte, die aus dem Kreis der Familie nicht dargestellt werden konnten. Der Erhalt der Selbstständigkeit hielt die verantwortlichen Familieninhaber nie davon ab, familienfremde Partner mit in die Führungsverantwortung einzubeziehen.

1674
Der 1671 nach Frankfurt gekommene Benjamin Metzler gründet eine Tuchhandlung.

1686
Nach Benjamin Metzlers Tod übernimmt seine Frau Katharina zusammen mit dem „Handelsmann und Spezereyhändler“ Johann Zwirlein die Geschäftsleitung.

1687
Katharina Metzler heiratet Johann Zwirlein. Die Firma wird vorübergehend umbenannt in „Zwirlein und Metzler“.

Große Gallusstraße 18, 2006

Seite 67_Benjamin Metzler

Benjamin Metzler, der Firmengründer, starb 1686 im jungen Alter von 36 Jahren. Ihm war es in nur zwölf Jahren gelungen, seine Firma zu einem überregional bedeutenden Handelshaus zu entwickeln. Sein früher Tod stellte seine Witwe vor eine schwere Aufgabe. Sie entstammte zwar einem Handelshaus, konnte sich jedoch nicht vollständig der Belange des Unternehmens annehmen, da sie sich auch um die drei minderjährigen Kinder und deren Ausbildung kümmern musste. Sie lernte den „Handelsmann und Spezereyhändler" Johann Zwirlein kennen, den sie bereits im Juni 1687 heiratete. Johann Zwirlein übernahm dann die Geschicke des Metzler'schen Handelshauses bis zum Eintritt des ältesten Sohnes von Benjamin Metzler, Johann Jeremias Metzler, im Jahre 1698. Dem ersten familienfremden Partner ist es zu verdanken, dass die Geschäfte der Firma in der elf Jahre dauernden Übergangszeit weitergeführt wurden.

Fast 70 Jahre später trat eine ähnliche Situation ein. Im Jahre 1743 verstarb Johann Jeremias Metzler, vierzehn Jahre später auch ein Enkel des Firmengründers, der geschäftsführende Teilhaber des Hauses Johann Albrecht Metzler, ohne dass es einen geeigneten Nachfolger gab. Seine ledige Schwester Christina Barbara

Seite 73_Christina Barbara Metzler

Johann Albrecht Metzler (1716–1757)

1698
Benjamin Metzlers Sohn Johann Jeremias übernimmt die Geschäftsleitung von Johann Zwirlein.

1716
Spätestens seit dieser Zeit ist der Handel mit Wechseln nachweisbar.

1728
Johann Jeremias Metzler bezeichnet sich erstmals als „merchand banquier", also ein Kaufmann, der außer mit Waren auch mit Wechseln handelt.

Metzler stellte sich der Herausforderung, die Geschicke der Firma in ihre Hände zu nehmen. Sie berief noch 1757 den bisherigen Buchhalter Gottfried Malß als Associé, der sie in der Geschäftsleitung unterstützte. Als 1771 ihr Neffe Friedrich in die Leitung des Unternehmens eintrat, führten diese beiden gemeinsam die Geschäfte des Hauses. Friedrich Metzler wiederum holte nach dem Tod von Gottfried Malß im Jahre 1783 dessen Sohn J. Albrecht Malß in die Firma, wo dieser zunächst als Prokurist und später, wie zuvor sein Vater, als Associé bis 1813 tätig war.

Friedrich Metzler, der erfolgreiche Bankier, heiratete 1779 Susanne Fingerlin, die aus einer reichen Tuchweberfamilie stammte. Fünf Jahre nach seiner Eheschließung nahm Friedrich Metzler einen Verwandten seiner Ehefrau, Markus Christoph Fingerlin, zur Unterstützung in die Geschäftsführung der Bank auf. Markus Christoph Fingerlin wirkte dort von 1784 bis 1815. Danach leiteten viele Jahre ausschließlich Familienmitglieder die Geschicke des Unternehmens.

„Friedrich der Große"_Seite 79

Lange 134 Jahre vergingen, bis wieder ein familienfremdes Mitglied in die Geschäftsleitung des Bankhauses berufen wurde. Nach Beendigung des Zweiten Weltkrieges führte die Kriegsgefangenschaft von Albert von

1757
Nach dem Tod ihres Bruders Johann Albrecht Metzler übernimmt Christina Barbara Metzler die Geschäftsleitung des Frankfurter Hauses bis 1771 als alleiniges Familienmitglied.

1760
Erstmals trägt die Firma „Benjamin Metzler seel. Sohn und Konsorten" den Zusatz „Bankiers".
Im selben Jahr werden bedeutende Wechselbriefgeschäfte getätigt und Darlehen gewährt.

1779
Friedrich Metzler heiratet Susanne Fingerlin, die Tochter einer wohlhabenden Tuchweberfamilie. Der beträchtliche Kapitalzuwachs erlaubt es, das schnell wachsende Staatsanleihegeschäft voranzutreiben.

oben: Unterschrift von Gottfried Malß, 1748
rechts: Friedrich Metzler (1749–1825)

Metzler und Dr. Gustav von Metzler zu einer Vakanz in der Geschäftsleitung. Hugo von Metzler, der Vater von Dr. Gustav von Metzler, war bei Kriegsende bereits 83 Jahre alt. Wirren und Not der Nachkriegszeit erforderten eine engagierte und weitsichtige Führung. Daher wurden im Jahre 1949 gleich zwei familienfremde Partner in das Bankhaus berufen: Dr. Eduard von Nikolai, der bei Rückkehr von Albert von Metzler im Jahre 1950 nach nur einem Jahr die Bank wieder verließ, und Dr. Ferdinand A. Prinz von Lobkowitz, der zwölf Jahre in der Geschäftsleitung blieb. Prinz Lobkowitz war bis 1938 Teilhaber des Bankhauses Bass & Herz gewesen, das in diesem Jahre auf Druck der Nationalsozialisten schließen musste. Das langjährige und vertrauensvolle Verhältnis zum Bankhaus Metzler veranlasste Prinz Lobkowitz nach Schließung von Bass & Herz als Kommanditist in das Bankhaus Metzler einzutreten. Mit seiner Berufung in die Geschäftsführung trug er in der Zeit von 1949 bis 1961 mit seiner Erfahrung und seinen Geschäftsbeziehungen dazu bei, die Bank wieder aufzubauen.

Langjährige geschäftlich-freundschaftliche Beziehungen verbanden Dr. Gustav und Albert von Metzler mit Karl-Oskar Koenigs von der Deutsche Bank AG. Alle

1923
Albert von Metzler wird in die Geschäftsleitung des Bankhauses berufen. Ihm folgt 1937 Dr. Gustav von Metzler.

1938
Dr. Herbert von Marx überträgt seine Geschäftsanteile am Bankhaus Bass & Herz an seinen Freund Albert von Metzler. Das Bankhaus Metzler übernimmt vier Angestellte sowie einen Teil des Bankgeschäfts.

1950
Albert von Metzler kehrt aus der Kriegsgefangenschaft zurück und übernimmt gemeinsam mit Dr. Gustav von Metzler und Dr. Ferdinand A. Prinz Lobkowitz wieder die Geschäftsleitung.

Dr. Ferdinand A. Prinz Lobkowitz (1901–1966)

drei hatten „ähnlich gelagerte Interessen und ähnliche Einstellungen zu bankgeschäftlichen Dingen“. Die Metzlers ernannten den international erfahrenen Wertpapier- und Börsenfachmann Koenigs 1964 zum Partner des Bankhauses. Zu seinen Aufgabengebieten gehörten der Ausbau des privaten Vermögensverwaltungsgeschäfts und der Aufbau der nordamerikanischen Immobilienaktivitäten, die einen wichtigen Grundstein für das heutige US-Real-Estate-Geschäft bildeten. Karl-Oskar Koenigs fungierte als Mittler zwischen der älteren und der jüngeren Generation, blieb bis 1985 in der Geschäftsleitung und war bis 1994 Mitglied des Gesellschafterausschusses und stellvertretender Vorsitzender des Aufsichtsrates. Neben seinen Aufgaben im Bankhaus Metzler war Koenigs von 1968 bis 1985 engagierter Vorsitzender des Vorstands der Frankfurter Wertpapierbörse.

Zur Intensivierung von Konsortial-Handelsfinanzierungen wurde 1977 der Engländer Brian D. Townsend, ein international erfahrener Merchant Banker, als erster ausländischer Partner in das Bankhaus Metzler berufen, wo er bis 1982 tätig war.

Über Geschäftsbeziehungen hatten die Partner den Finanzvorstand der Deutschen Bundesbahn, Hans Her-

1964
Der Wertpapier- und Börsenspezialist Karl-Oskar Koenigs wird Partner im Bankhaus Metzler.

1968
Karl-Oskar Koenigs übernimmt den Vorstandsvorsitz der Frankfurter Wertpapierbörse, den er in einer Phase der Internationalisierung zunächst bis 1981 und erneut von 1984 bis 1985 erfolgreich innehat.

Karl-Oskar Koenigs und Albert von Metzler, 1971

mann Reschke, kennengelernt, den sie 1982 in die Leitung des Bankhauses beriefen. Er übernahm neben der Kundenbetreuung und dem Kreditgeschäft den gesamten Bankbetrieb mit Informationstechnik, Organisation, Controlling, Personal und Verwaltung. Hans Hermann Reschke war maßgeblich beteiligt an der Neuausrichtung der renommierten Privatbank auf das Investment Banking, flankiert durch die Umwandlung in eine KGaA und die Schaffung einer Holdingstruktur, dem Ausbau der Geschäftsbereiche Corporate Finance und Financial Consulting sowie an der Gründung einer eigenen Kapitalanlagegesellschaft. Er schied 1999 altersbedingt aus der Leitung der Bank aus und wurde anschließend in den Gesellschafterausschuss der Bank und in den Beirat der B. Metzler seel. Sohn & Co. Holding AG berufen. Seit 2003 ist er als stellvertretender Vorsitzender in den Aufsichtsräten des Bankhauses und der Holding tätig.

1990 wurde Dr. Wolfram Nolte als weiterer Familienfremder in die Geschäftsleitung berufen. In seiner früheren Tätigkeit bei McKinsey hatte er sich auf das Financial Consulting spezialisiert. Gemeinsam mit einem Team ausgewiesener Fachleute trieb er bei Metzler den Ausbau des Corporate-Finance- und M&A-Geschäfts vo-

Hans Hermann Reschke

1971
Christoph und Friedrich von Metzler werden in die Geschäftsleitung des Bankhauses berufen.

1986
Das Privatbankhaus Metzler wird in eine „Kommanditgesellschaft auf Aktien" umgewandelt und erhält eine Holdingstruktur. Die Aktien werden ausschließlich von der Familie von Metzler gehalten.

1987
Die Metzler Investment GmbH wird gegründet und in ihr das Fondsgeschäft des Hauses konzentriert.

ran und wirkte auch bei der privaten Vermögensverwaltung mit. Dr. Nolte schied 1995 aus, um eine Vorstandsaufgabe bei einem bedeutenden Versicherungsunternehmen zu übernehmen.

Unter der langjährigen Leitung von Werner Wanke erlebte der Wertpapierbereich im Bankhaus Metzler einen beachtlichen Aufschwung. Er gab entscheidende Impulse bei der Neuausrichtung des Wertpapiergeschäfts mit Research, Sales und Trading. Im Jahre 1990 wurde er zum Partner berufen. Sein Spezialgebiet war die Analyse ökonomischer Strukturen und kapitalmarktrelevanter Faktoren und deren Umsetzung in Anlagestrategien. Unter seiner Verantwortung wuchs das Bankhaus aufgrund seiner hohen internationalen Reputation zu einer der führenden deutschen Brokerage-Adressen bei ausländischen institutionellen Anlegern. Im Jahre 1993 trat er aus der Leitung der Bank zurück, um sich selbstständig zu machen. Als Mitglied des Beirats der B. Metzler seel. Sohn & Co. Holding AG und des Gesellschafterausschusses des Bankhauses begleitete er bis zu seinem Tod im Jahr 2008 die Aktivitäten des Hauses.

Im Jahre 1991 wurde mit Dr. Udo von Klot-Heydenfeldt erstmals in der Geschichte des Bankhauses ein „Industrielenker“ in die Geschäftsleitung berufen. Der

1993
In München wird die erste Geschäftsstelle außerhalb Frankfurts für das Private-Banking-Geschäft gegründet.

1998
Mit der angelsächsisch geprägten Partnerstruktur gibt sich die Unternehmensgruppe Metzler eine moderne Leitungsform.

2001
In Tokio wird die Metzler Asset Management (Japan) Ltd. gegründet. Das Unternehmen erbringt Asset-Management-Dienstleistungen für japanische Pensionsfonds.

Werner Wanke (1945-2008)

Partnerrunde, 1990

von links:
Dr. Udo von Klot-Heydenfeldt
Christoph von Metzler
Hans Hermann Reschke
Friedrich von Metzler
Dr. Wolfram Nolte
Werner Wanke

Ingenieur und Finanzfachmann war zuvor als Vorstand der Stinnes AG unter anderem verantwortlich für internationale Finanzen, Steuern, Beteiligungen, Immobilien und Informationsverarbeitung. Aufgrund seiner langjährigen Industrie-Erfahrung und seiner Kontakte wirkte er maßgeblich mit bei der Intensivierung der internationalen Corporate-Finance-Aktivitäten, insbesondere bei Privatisierungsprojekten. Ende 2004 schied Dr. von Klot-Heydenfeldt aus Altersgründen aus der Geschäftsleitung aus.

Das innovative Geschäftsfeld Asset-Management mit dem rasant wachsenden Vermögensverwaltungsvolumen erforderte einen international anerkannten Spezialisten für das institutionelle Asset-Management. Daher holte die Geschäftsleitung 1994 Norbert Enste, zuvor Managing Director bei einer Commerzbank-Tochter, ins Bankhaus. 1996 wurde er zum Partner berufen. Unter seiner Verantwortung fand ein erheblicher Ausbau des Asset-Management-Geschäfts statt. Viele neue Produkte wie die elektronische Abwicklungsplattform für Publikumsfonds, Master-KAG-Konstruktionen und betriebliche Altersversorgungskonzepte wurden in seinem Geschäftsfeld entwickelt. 2009 schied Norbert Enste aus der Geschäftsleitung aus.

Partnerrunde, 1998

von links:
Friedrich von Metzler
Jürgen Röthig (vorne)
Norbert Enste
Marija Korsch (vorne)
Hans Hermann Reschke
Karl-Emil Fuhrmann (vorne)
Dr. Udo von Klot-Heydenfeldt

Im Jahre 1998 erhielt die gesamte Unternehmensgruppe Metzler eine neue Leitungsform: Mehrere Führungskräfte wurden zu Partnern ernannt; einige von ihnen gehörten dem Unternehmen bereits seit vielen Jahren an:

Mehr als 200 Jahre nach Christina Barbara Metzler wurde 1998 wieder eine Frau in die Geschäftsleitung berufen. Die von Bankers Trust kommende Marija Korsch gab mit ihrer Expertise dem Corporate-Finance-Geschäft entscheidende Impulse. 2008 wechselte sie in den Beirat der B. Metzler seel. Sohn & Co. Holding AG.

Eine moderne Investmentbank ist ohne funktionierende IT-Infrastruktur heute nicht mehr vorstellbar. Die leistungsstarke Informationstechnik bildet gleichsam das Rückgrat der Metzler-Gruppe. Daher war es folgerichtig und beispielgebend, den langjährigen Leiter der Informationstechnologie, Karl-Emil Fuhrmann, der diesen Bereich maßgeblich aufgebaut und weiterentwickelt hatte, zum Partner zu berufen.

Jürgen Röthig trieb in der Nachfolge von Werner Wanke den internationalen Ausbau des Aktiengeschäfts voran. Er verließ das Haus 2002 und wurde Managing Director der Deutsche Börse AG. Bernd Baur zeichnete für das Portfoliomanagement verantwortlich. Er schied

2002
In Stuttgart wird eine Private-Banking-Niederlassung eröffnet. 2005 folgt Köln-Düsseldorf, 2008 Hamburg.

2009
Mit der Eröffnung einer Repräsentanz in Peking erschließt sich das Bankhaus einen zukunftsträchtigen Markt.

Karl-Emil Fuhrmann

im Jahr 2000 aus, um eine Leitungsfunktion in der deutschen Versicherungswirtschaft zu übernehmen.

Sein Nachfolger wurde Frank-Peter Martin, der 2000 von JP Morgan kam, im selben Jahr in den Partnerkreis berufen wurde und seither die gesamte Portfoliosteuerung im Asset-Management verantwortet.

Ebenfalls im Jahr 2000 trat nach langjähriger Tätigkeit in der BHF-Bank Emmerich Müller der Partnerschaft bei. Er verantwortet den Geschäftsbereich Private Banking, dessen Expansion er mit der Eröffnung der Geschäftsstellen in Stuttgart, Köln/Düsseldorf und Hamburg auch überregional überaus erfolgreich vorantrieb.

Gerhard Wiesheu setzte seine in vielen Jahren für die Commerzbank gewonnene Ostasien-Kompetenz und Geschäftsverbindungen konsequent für den Aufbau einer Vertriebsstelle in Tokio ein. Seit 2002 ist er als Partner für den gesamten Vertrieb des Asset-Managements zuständig.

Anfang 2005 wurden drei weitere, im Hause Metzler seit mehreren Jahren in verantwortlichen Positionen tätige Führungskräfte zu Partnern ernannt:

Hartmut Petersmann hat in mehr als zehn Jahren Tätigkeit den Publikumsfondsvertrieb beachtlich ausgebaut sowie die elektronische Fondshandelsplattform Metzler Fund Xchange geschaffen.

von links:

Frank-Peter Martin
Emmerich Müller
Gerhard Wiesheu

Dr. Johannes Reich leitet seit seinem Eintritt in die Bank 1996 das Aktien-Research und seit 2002 den gesamten Geschäftsbereich Equities, der unter seiner Leitung eine erfreuliche Entwicklung nahm. 2008 übernahm er zusätzlich die Leitung des Bereichs Corporate Finance.

Der Partnerkreis wurde komplettiert mit der Ernennung von Michael Klaus, der bereits seit 15 Jahren für das Bankhaus in verschiedenen Leitungsfunktionen tätig ist und den erfolgreichen Bereich Financial Markets sowie das Treasury der gesamten Metzler'schen Unternehmensgruppe leitet.

Mit diesen Ernennungen in den Partnerkreis blieb das Haus seinem Grundsatz treu, bei der Bestellung von Partnern offen für neue Impulse von außen zu sein, gleichzeitig aber auch auf die Erfahrung und die Talente von langjährigen Mitarbeitern zu setzen und ihnen beste Perspektiven zu bieten.

Wie Salz einer Suppe den richtigen Geschmack verleiht, so waren es häufig familienfremde Geschäftsführer, die anstelle, neben oder mit den Familiengesellschaftern maßgeblich dazu beigetragen haben, dass sich das Bankhaus Metzler zu einem erfolgreichen und zukunftsorientierten Unternehmen entwickeln konnte.

von links:

Hartmut Petersmann
Dr. Johannes Reich
Michael Klaus

Partnerrunde, 2007

von links:
Dr. Johannes Reich
Hartmut Petersmann
Gerhard Wiesheu
Friedrich von Metzler
Marija Korsch
Frank-Peter Martin
Michael Klaus
Emmerich Müller
Karl-Emil Fuhrmann
Norbert Enste

Sascha Gräfin von Schlippenbach, geb. Metzler (1852-1938)

Porträts

Benjamin Metzler

Der Firmengründer

Benjamin Metzler – der Firmengründer | Der am 14. Januar 1650 in Kranzahl bei Annaberg im Kurfürstentum Sachsen geborene Benjamin Metzler war das fünfte von zehn Kindern und entstammte einer alten sächsischen Pfarrersfamilie. Der älteste bekannte Vorfahre, Benjamins Urgroßvater, war bereits zu Lebzeiten Martin Luthers Pfarrer, und zwei seiner Brüder folgten ebenfalls dieser Berufung.

Benjamin Metzler war erst dreizehn Jahre alt, als er 1663 von seiner Heimatstadt im Erzgebirge in die Handelsstadt Nürnberg aufbrach, um dort in einem Handelshaus eine Kaufmannslehre zu absolvieren. Er blieb acht Jahre im konservativen Nürnberg und übersiedelte 1671 ins liberale Frankfurt am Main, um hier seine kaufmännischen Fähigkeiten zur Geltung zu bringen. Frankfurt war damals weitaus liberaler als die Städte, in denen der Einfluss konservativer Bischöfe vorherrschte. Durch Messe und Börse sowie die günstige Lage am Kreuzungspunkt wichtiger europäischer Fernhandelswege gehörte die Stadt damals zu den mächtigsten Handelsstädten Deutschlands – der Reformator Martin Luther bezeichnete sie als „Silber- und Goldloch“. Hier trat Benjamin Metzler zunächst als Buchhalter in die Tuchhandlung von Sebastian Schweitzer ein.

Am Anfang stand der Tuchhandel_Seite 17

1674
Benjamin Metzler heiratet Katharina Voß. In Frankfurt werden 203 Paare getraut, 858 Kinder getauft und 1137 Menschen beerdigt. Die Leitwährung ist der Gulden, die kleinste Münze der Pfennig zu ¼ Kreuzer.

Kranzahl im Erzgebirge, um 1920

Er arbeitete dort drei Jahre und machte sich 1674 mit einem Handelshaus selbstständig.

Ein genauer Gründungstag ist nicht überliefert. Der Schritt in die Selbstständigkeit stand im Zusammenhang mit dem Schritt in die Ehe, den Benjamin Metzler vor der Firmengründung am 27. April 1674 in Frankfurt mit Katharina Voß tat. Aus dieser Ehe gingen fünf Kinder hervor, von denen zwei bereits im Kindesalter starben. Das Bürgerrecht erwarb Benjamin Metzler erst 1676. Mehrere seiner Brüder folgten ihm nach Frankfurt, betätigten sich dort bei fremden Handelshäusern und gründeten auch eigene Unternehmen.

Als Firmensitz und Wohnhaus kaufte Benjamin Metzler ein Gebäude in der Geißgasse neben dem Haus Kornblume. Das zweigeschossige Haus mit sieben Zimmern besaß im Erdgeschoss ein als „Kanthor“ bezeichnetes Büro und das Warenlager, im Obergeschoss eine Wohnung. Beim so genannten „Christenbrand“ 1719 brannte auch das Metzler'sche Haus ab. Heute steht auf diesem Areal die Kleinmarkthalle.

Benjamin Metzler handelte überwiegend mit Leinen und Wollstoffen, aber auch mit Garnen, Wolle und Flachs sowie mit Fertigprodukten wie Hauben, Halsbinden, Brustlappen (Westen), Schlafröcken und wollenen

1674
Der Reichstag zu Regensburg erklärt Frankreich den Krieg. Handel und Verkehr leiden unter den kriegsbedingten Unruhen, die bis 1678 andauern.

1675
Der holländische Maler Johannes Vermeer stirbt in Delft im Alter von 43 Jahren. Sein bekanntestes Gemälde ist „Das Mädchen mit dem Perlenohrgehänge".

1675
In der Schlacht bei Fehrbellin in Brandenburg besiegt der Große Kurfürst Friedrich Wilhelm von Brandenburg das schwedische Heer.

oben: Frankfurter Kaufmannsfrau, um 1600
links: Das Mädchen mit dem Perlenohrgehänge, um 1665

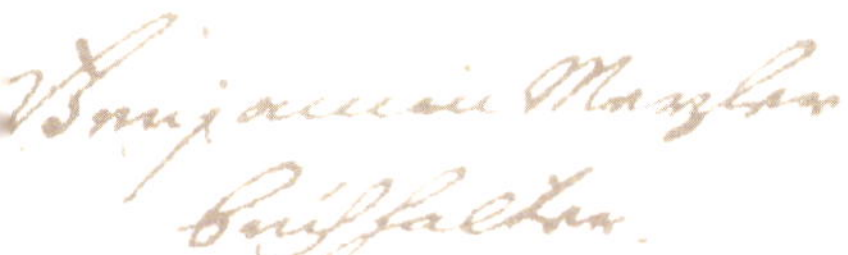

Decken. Die weitläufigen Handelsbeziehungen seines Fernhandelshauses reichten von Sachsen bis Straßburg, von Basel bis nach Wesel. Bei den damaligen Verkehrsverhältnissen benötigte man für die Beförderung der Waren zu Wasser und zu Land spezielles Wissen im Speditionshandel. Der Verkauf auf Kommission, die Vorfinanzierung von Waren gegen Wechselbriefe, Frachten und Zölle sowie die vielen verschiedenen Währungen erforderten eine hohe Kompetenz in Finanzfragen. Insbesondere der Speditionshandel verlangte erhebliches Kapital, das meist von Verwandten, Geschäftsfreunden oder von vermögenden Personen verzinslich aufgenommen wurde. Die von Anfang an mit dem Fernhandel, Kommissions- und Speditionsgeschäft verbundenen Wechselkredit- und Geldgeschäfte verselbstständigten sich im Laufe der Zeit, ließen die Bedeutung der Warengeschäfte in den Hintergrund treten und aus dem Handelshaus ein Bankhaus entstehen.

Es war nicht einfach, in diesen unruhigen Anfangsjahren das Geschäft erfolgreich zu führen: Ludwig XIV. führte Krieg gegen Holland, es gab ein Handelsverbot mit Frankreich, die Türken belagerten Wien, und das Edikt von Nantes, das den Hugenotten volle Bürgerrechte zugesichert hatte, wurde 1685 durch das Resti-

1676
Handelsembargo zwischen dem Deutschen Reich und Frankreich.

1676
In Hamburg wird die „Feuerkasse" gegründet, die älteste bestehende Versicherung der Welt.

1678
Der Komponist und Violinist Antonio Vivaldi wird in Venedig geboren.

oben: Unterschrift von Benjamin Metzler mit dem Zusatz „Buchhalter", 1674
rechts: König Ludwig XIV., 1701

tutionsedikt von Fontainebleau aufgehoben. Kriege, Handelshemmnisse, Sonderabgaben, Mangel und Teuerungen bedrohten den aufblühenden Wohlstand. Die ersten Jahre von Benjamin Metzlers Selbstständigkeit und der jungen Ehe dürften häufig von großen Sorgen um sein wirtschaftliches Fortkommen und das Wohl seiner Familie geprägt gewesen sein. Daher ist es umso erstaunlicher, dass es ihm in den schwierigen Zeiten „mit Fleiß und Rechtschaffenheit" gelang, zu einem ansehnlichen Wohlstand zu gelangen. Bei seinem frühen Tod im Jahre 1686 hinterließ er seiner Frau und seinen drei unmündigen Kindern ein gut gehendes Geschäft und ein beachtliches Vermögen.

1683
Im Großen Türkenkrieg (bis 1699) findet die zweite Belagerung Wiens statt.

1685
Durch die Aufhebung des Edikts von Nantes kommt es auch in Frankfurt zu einem Zustrom hugenottischer Glaubensflüchtlinge.

1685
In Eisenach wird der Komponist und Organist Johann Sebastian Bach (1685–1750) geboren.

oben: Bürgerbrief für Benjamin Metzler mit Siegel, 1676
links: Johann Jeremias Metzler (1677–1743), ältester Sohn des Firmengründers

1686

Der Habsburger Karl V. von Lothringen erobert mit seinen Truppen die Stadt Buda – heute ein Teil Budapests – nach 145 Jahren osmanischer Herrschaft zurück.

UM 1700

In Frankfurt leben etwa 23.000 Menschen.

oben: Ansicht der Stadt Frankfurt, um 1600
rechts: Karte von Frankfurt und Umland, um 1700

Christina Barbara

Metzler

Eine energische Führungspersönlichkeit

Christina Barbara Metzler – eine energische Führungspersönlichkeit

| Die Überlieferungen über Christina Barbara Metzler sind zwar nur spärlich, aber das wenige, das wir über sie wissen, berechtigt zu dem Urteil, dass sie eine herausragende und außergewöhnliche Frau war. Sie sei „zugleich eine tatkräftige, energische und geschäftstüchtige Frau [gewesen], die aber auch warmherzig, emsig und gewissenhaft sorgend" sich um das Wohl ihrer Familie und Freunde bemühte, was sie sich „mit seltener Lebenskraft" bis ins hohe Alter bewahrte.

Die Leitung des Handelshauses „Benjamin Metzler seel. Sohn und Consorten" war nach dem Tod des einzigen Inhabers Johann Albrecht Metzler (1716–1757) verwaist. Sein Bruder Wilhelm Peter Metzler stand in Bordeaux einem bedeutenden Handelshaus vor. Zwei Schwestern der beiden Brüder waren außerhalb Frankfurts verheiratet. So fiel der dritten, unverheirateten Schwester Christina Barbara Metzler im Jahre 1757 die Aufgabe zu, die Leitung des Metzler'schen Handelshauses in Frankfurt zu übernehmen. Als Teilhaber waren sie und ihr in Bordeaux lebender Bruder mit den Geschäften des Handelshauses, dem Kundenkreis und „allen die Handlung betreffenden Angelegenheiten"

Die Metzlers in Bordeaux_Seite 161

1710
Im sächsischen Meißen wird die erste europäische Porzellanmanufaktur gegründet.

1711/1719
In Frankfurt werden durch zwei verheerende Brände die Judengasse und große Teile der Altstadt zerstört. Als Konsequenz erlässt die Stadt eine neue Bauordnung.

1716
Frankreich führt als erstes Land Europas Papiergeld in großem Stil ein.

Christina Barbara Metzler (1703–1793)

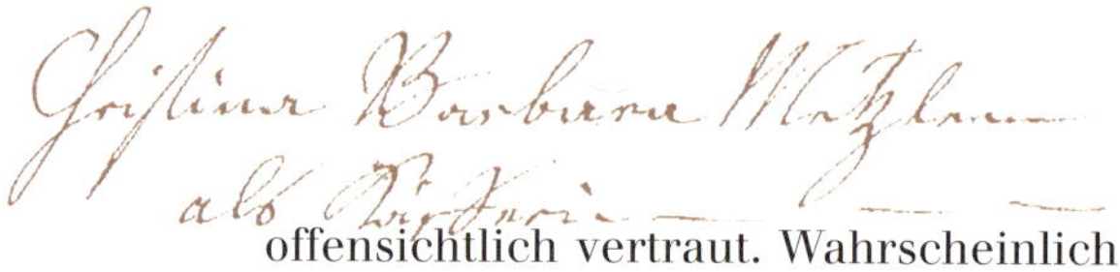

offensichtlich vertraut. Wahrscheinlich hatte sie ihrem Bruder Johann Albrecht schon zu dessen Lebzeiten bei der Führung des Unternehmens geholfen.

Christina Barbara Metzler lenkte die Geschicke der Firma mit großem Engagement, geschäftlichem Gespür und weitsichtigem Handeln. Sie genoss hohe Anerkennung und Wertschätzung bei Kunden und Geschäftspartnern. Konnte sie in den ersten Jahren noch auf den Rat ihres Bruders in Bordeaux vertrauen, stand sie nach dessen Tod im Jahr 1762 alleine dem Hause vor und musste sich zudem noch um die Geschicke des Unternehmens in Bordeaux kümmern. Sie regelte die schwierigen Erbschaftsangelegenheiten mit den Teilhabern der Handlung in Bordeaux und teilte die Erbmasse und die Firmenanteile unter den mündigen und unmündigen Kindern auf. Während die jüngsten Kinder ihres Bruders Wilhelm Peter Metzler bei den Großeltern untergebracht wurden, holte sie den dreizehnjährigen Friedrich zu sich nach Frankfurt. Friedrich Metzler schrieb damals in einem Brief an seine Tante: „Ich bitte Sie dann, meine liebe Tante, mich nicht in solcher Not zu verlassen, sondern mich unter Ihrem Schutz zu behalten und ich werde Ihnen [sic!] mein Leben lang allezeit als meine eigene Mutter ansehen“.

AB 1740
Unter der Regentschaft von Friedrich dem Großen (bis 1786) erlebt Preußen seine Blütezeit. In Wien regiert Maria Theresia bis 1780. Ab 1756 wütet in Europa der Siebenjährige Krieg.

1759
Frankfurt wird von den Franzosen besetzt. Auf französische Initiative hin werden Straßenbeleuchtung, Straßenbeschilderung und Häusernummerierung verbessert.

1760
In London wird das Register of Shipping gegründet als erster Zusammenschluss der Versicherer.

oben: Unterschrift Christina Barbara Metzler
links: Maria Theresia von Österreich (1717–1780)

Christina Barbara Metzler erkannte früh das Potenzial des jungen Friedrich, sorgte für eine gute Ausbildung und nahm ihren Neffen 1769 in das Handelshaus auf. Bereits zwei Jahre später trat Friedrich Metzler mit 22 Jahren in die Geschäftsführung ein.

„Friedrich der Große"_Seite 79

Zeit ihres Lebens kümmerte sich Christina Barbara Metzler um alle persönlichen und geschäftlichen Angelegenheiten ihrer Nichten und Neffen. Wo es nötig war, unterstützte sie diese mit Geld und sorgte für ihre Ausstattung und Erziehung. Ihr Engagement für das Frankfurter Handelshaus und die Metzler-Kinder brachten ihr eine hohe Wertschätzung und Achtung ein. In vielen Briefen wurde immer wieder hervorgehoben, „wie glücklich Kinder zu schätzen seien, dass sie eine solche treusorgende, teilnahmsvolle Tante hätten, unter deren Obhut ihr Wohlergehen gesichert sei".

Unter der Leitung von Christina Barbara Metzler wurden die Finanztransaktionen immer bedeutender. Im Jahr 1760 wurde in der geschäftlichen Korrespondenz erstmals der Zusatz „Banquiers" verwandt. Unter dem von ihr ausgebildeten Nachfolger Friedrich Metzler erlebte das Bankgeschäft einen weiteren Aufschwung, und die Frankfurter Firma vollzog endgültig den Wandel vom Handels- zum Bankhaus.

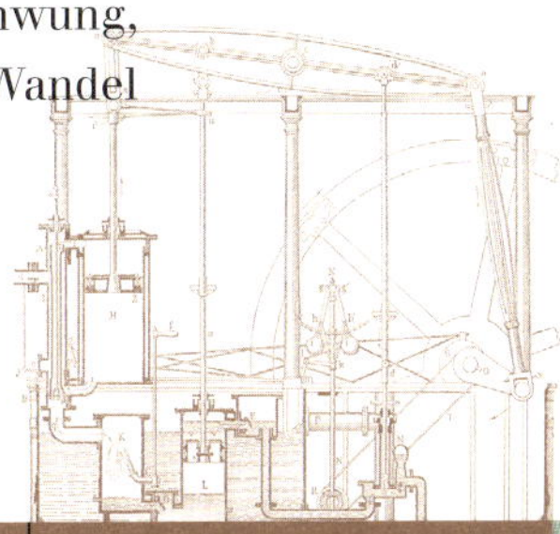

1769
James Watt erhält ein Patent für die erste direktwirkende Niederdruck-Dampfmaschine.

1771
Der Fürst von Nassau-Usingen erteilt eine Konzession für das Glücksspiel in Wiesbaden. Sophie von La Roche veröffentlicht ihren Roman „Die Geschichte des Fräuleins von Sternheim".

1771
In Deutschland gibt es eine große Hungersnot, in deren Folge der Kartoffelanbau von einigen aufgeklärten Herrschern nachhaltig gefördert wird.

oben: Konstruktionszeichnung einer Dampfmaschine, um 1770
rechts: Friedrich der Große, König von Preußen (1712–1786)

Christina Barbara Metzler konnte sich 1771 wieder aus der Geschäftsleitung zurückziehen. Sie starb hochbetagt mit 90 Jahren am 26. Dezember 1793 in Frankfurt am Main.

1776
Der Kongress erklärt die 13 Vereinigten Staaten von Nordamerika am 4. Juli für unabhängig.

1789
Mit dem Sturm auf die Bastille beginnt am 14. Juli die Französische Revolution.

1790
Die Französische Nationalversammlung verabschiedet eine Zivilverfassung, die dem Papst Rechte über die französische Kirche entzieht. Geistliche werden Staatsbeamte.

oben: Frankfurter Weinmarkt, um 1760
links: Die Unabhängigkeitserklärung der Vereinigten Staaten von Amerika, 1776

„Ich bitte Sie dann, meine liebe Tante, mich nicht in solcher Not zu verlassen, sondern mich unter Ihrem Schutz zu behalten und ich werde Ihnen mein Leben lang allezeit als meine eigene Mutter ansehen."

Friedrich Metzler an seine Tante Christina Barbara Metzler

Friedrich Metzler (1749–1825) als junger Mann

„Friedrich der Große“

Der erfolgreiche Bankier
Friedrich Metzler

„Friedrich der Große" – der erfolgreiche Bankier Friedrich Metzler | Friedrich Metzler wurde am 1749 als siebtes Kind seiner Eltern in Bordeaux geboren. Sein Vater, Wilhelm Peter Metzler, betrieb in der südfranzösischen Hafenstadt ein florierendes Handelshaus. Zwischen dem Unternehmen in Bordeaux und dem seit 1674 bestehenden Frankfurter Stammhaus bestanden enge Beziehungen. Wilhelm Peter Metzler war einer der Teilhaber des Frankfurter Hauses. Viele Wechsel- und Bankgeschäfte wurden darüber abgewickelt. Das Frankfurter Stammhaus leitete Christina Barbara Metzler, eine Tante von Friedrich Metzler. Kurz nach dem Tode seines Vaters 1762 holte sie den dreizehnjährigen Friedrich nach Frankfurt. Bereits mit 22 Jahren wurde Friedrich Metzler 1771 in die Geschäftsleitung der Firma berufen und entwickelte sich schnell zum Kopf der Familie. Er glänzte nicht nur durch seinen geschäftlichen Erfolg; seine Gedanken zur Entwicklung des Bank- und Börsenwesens waren wegweisend. Seine 1790 zusammen mit den Häusern J. G. Schmidt & Co., Harnier & Rüppel sowie Willemer, Hayder & Co. angestellten Überlegungen zur Gründung einer „Zettelbank" – so nannte man damals die Notenbanken, die nach dem Vorbild der Bank of England das Münzwesen

Die Metzlers in Bordeaux_Seite 161

Christina Barbara Metzler_Seite 73

1749
Johann Wolfgang von Goethe wird in Frankfurt am Main geboren, Friedrich Metzler im selben Jahr in Bordeaux.

1755
Giacomo Casanova flieht aus den Bleikammern des Dogenpalastes in Venedig. Lissabon wird durch ein Erdbeben und einen darauf folgenden Tsunami fast vollständig zerstört.

1762
Russland und Preußen schließen noch während des Siebenjährigen Krieges den Frieden von St. Petersburg.

Kommerzienrat Friedrich Metzler (1749–1825)

1792

Als letzter Kaiser des alten Heiligen Römischen Reichs Deutscher Nation wird Franz II. in Frankfurt gewählt und demonstrativ am 14. Juli, dem Jahrestag des Sturms auf die Bastille, gekrönt.

1794

Robespierre, einer der Führer der Jakobiner in der Französischen Revolution, wird verhaftet und hingerichtet; das Regime der Jakobiner endet.

1796

Frankfurt am Main wird von französischen Revolutionstruppen besetzt. Weitere Besetzungen folgen 1800 und 1806.

oben: Kommerzienrat Friedrich Metzler (1749–1825)

und den Geldverkehr erleichtern sollten – waren ihrer Zeit weit voraus und fanden daher unter seinen Zeitgenossen nicht genügend Unterstützung. Erst mit der Gründung der Frankfurter Bank im Jahr 1854 wurden sie umgesetzt.

Unter Friedrich Metzlers Leitung wurde aus dem Handels- und Speditionshaus mit umfangreichen Bankgeschäften endgültig ein Privatbankhaus. 1779 heiratete er Susanne Fingerlin, die Tochter einer wohlhabenden Ulmer Tuchweberfamilie. Mit dem erheirateten Kapitalzuwachs baute er das Staatsanleihegeschäft enorm aus, und das Bankhaus avancierte zu einem bedeutenden Finanzier des preußischen Königshauses. Von 1789 bis 1792 amtierte er als Senator der Stadt Frankfurt. Aufgrund seiner Verdienste wurde Friedrich Metzler 1794 zum Geheimen Kommerzienrat ernannt und erhielt mehrere Ehrentitel, wie den des „Leibbankiers des Königs beider Sizilien".

Friedrich Metzler wohnte zwar gerne und oft in Offenbach, blieb aber stets Frankfurter. Er starb 1825 im Alter von 76 Jahren. Sein Grabmal auf dem alten Offenbacher Friedhof steht heute unter Denkmalschutz. Die Kinder von Friedrich Metzler begründeten die Familienlinien der heutigen Gesellschafter des Bankhauses.

Das Marmorbad_Seite 169

1798
Die Freiheitsideen der Französischen Revolution führen in Frankfurt zu Unruhen durch mehrere Zünfte. In der Stadt leben um 1800 etwa 35.000 Menschen.

1805
Auf Beschluss des Rats wird in Frankfurt mit der Schleifung der Befestigungen begonnen. Die Wallanlagen werden in einen Park umgewandelt, die Stadtentwicklung dadurch in neue Bahnen gelenkt.

1820
An der Frankfurter Börse wird die erste Aktie gehandelt.

oben: Visitenkarte Friedrich Metzlers
rechts: Alte Frankfurter Börse, um 1850

Peter Heinrich

von

Bethmann

Ein Metzler namens

Peter Heinrich von Bethmann – ein Metzler namens Bethmann | Dass in der zweiten Hälfte des 18. Jahrhunderts ein Mann bei der Eheschließung seinen Familiennamen zugunsten des Namens seiner Braut aufgab, war sehr ungewöhnlich und aus zeitgenössischer Sicht sowohl spektakulär als auch kurios.

Der 1744 in Bordeaux geborene Peter Heinrich Metzler, ein Bruder des späteren Geheimen Kommerzienrats Friedrich Metzler, war nach dem Tode seines Vaters nach Frankfurt gekommen. Als er sich 1768 mit Katharine Elisabeth von Bethmann verlobte, dem einzigen überlebenden Kind des bedeutenden Kaufmanns Johann Jakob von Bethmann, hatte dies ungewöhnliche Konsequenzen.

„Friedrich der Große"_Seite 79

Vor der Trauung bestand sein künftiger Schwiegervater darauf, dass Peter Heinrich seinen Familiennamen Metzler ablegte und stattdessen den Familiennamen seiner Ehefrau annahm. Da von Bethmanns Söhne früh gestorben waren, sollte Peter Heinrich als Teilhaber in sein florierendes Geschäft eintreten und das Unternehmen sowie den Namen fortführen. In einem am 2. August 1769 mit Zustimmung beider Familien geschlossenen umfangreichen Ehevertrag wurde neben der Annahme des Familiennamens der Braut auch die

1742
Karl Albrecht von Bayern wird als Karl VII. Albrecht zum Kaiser des Heiligen Römischen Reichs Deutscher Nation gekrönt.

1744
In Frankfurt wird Mayer Amschel Rothschild geboren, der spätere Begründer des Bankhauses Rothschild.

1748
Das Frankfurter Bankhaus Gebrüder Bethmann wird gegründet.

Peter Heinrich von Bethmann genannt Metzler (1744–1800)

Gütertrennung im Falle einer Trennung oder des früheren Todes der Ehefrau geregelt. Die Hochzeitsfeier fand am 21. August 1769 statt – unter den Gästen war vermutlich auch Johann Wolfgang von Goethe.

Im selben Jahr gab die Geschäftsführung der Firma B. Metzler seel. Sohn & Konsorten bekannt, dass Peter Heinrich Metzler sich mit den Herren „Gebrüder Bethmann" assoziieren würde und die Geschäfte der Handlung durch seine Tante Christina Barbara Metzler und seinen Bruder Friedrich Metzler fortgeführt würden. Peter Heinrich Metzler wurde seitdem in offiziellen Akten als Peter Heinrich (von) Bethmann geführt; dagegen war in Frankfurt zunächst noch oft der Name „Peter Heinrich Bethmann genannt Metzler" zu finden, der auch schon im Aufgebot erschien. Die Eheleute wurden noch im Jahre 1769 als Gesellschafter in das Frankfurter Handelshaus „Gebrüder Bethmann" berufen.

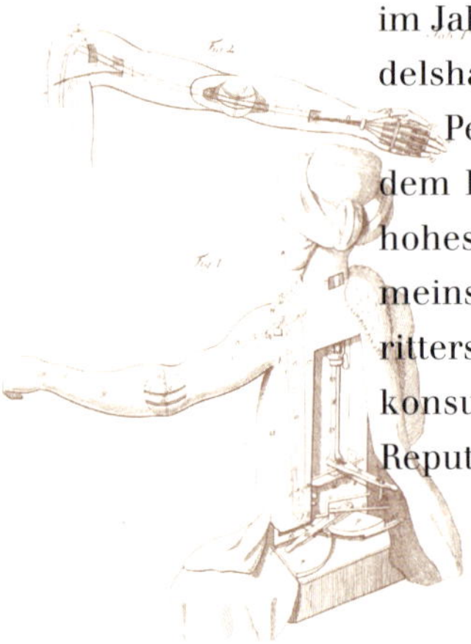

Peter Heinrich von Bethmann genannt Metzler blieb dem Hause Bethmann 30 Jahre verbunden. Er genoss hohes gesellschaftliches Ansehen: So wurde er 1776 gemeinsam mit seinem Schwiegervater in den Reichsritterstand erhoben und wurde 1780 kaiserlicher Vizekonsul in Bordeaux. Nicht zuletzt verschaffte seine Reputation auch dem Frankfurter Bankhaus Gebrüder

1763
Mit dem Frieden von Hubertusburg endet der Siebenjährige Krieg endgültig.

1767
Gotthold Ephraim Lessings Lustspiel „Minna von Barnhelm" wird in Hamburg uraufgeführt. Das Stück spielt unmittelbar nach Ende des Siebenjährigen Krieges.

1769
Wolfgang Ritter von Kempelen konstruiert einen „Schachautomaten" in Gestalt einer Figur in türkischer Tracht. Im Innern verbirgt sich ein kleinwüchsiger Schachspieler – mögliche Deutung für die Redewendung „etwas türken".

oben: Schachautomat, 1769
links: Katharine Elisabeth von Bethmann (1753–1813)

Bethmann Vorteile. Seine Verbindungen zu europäischen Herrscherhäusern bildeten eine solide Grundlage für geschäftliche Erfolge. Nach dem Tod von Johann Philipp von Bethmann im Jahre 1793 lag die Leitung des Bankhauses Gebrüder Bethmann offenbar in den Händen von Peter Heinrich von Bethmann genannt Metzler. Somit leiteten die Brüder Friedrich Metzler und Peter Heinrich von Bethmann zur selben Zeit zwei erfolgreiche Frankfurter Bankhäuser. Peter Heinrich von Bethmann starb 1800 im Alter von 56 Jahren; seine Frau überlebte ihn um 13 Jahre.

Die Eheschließung zwischen der 16-jährigen Katharine Elisabeth und dem neun Jahre älteren Peter Heinrich war das Resultat einer geschickten Planung des Brautvaters. Dessen Ziel war es, eine geschäftliche Allianz zwischen zwei Familien gleicher Herkunft und gleicher Bordelaiser Interessen zu schaffen. Katharine Elisabeth von Bethmann litt jedoch zeitlebens unter ihrer Zwangsheirat und wehrte sich erfolgreich dagegen, dass eines ihrer sechs Kinder ebenfalls zu einer Heirat gezwungen wurde.

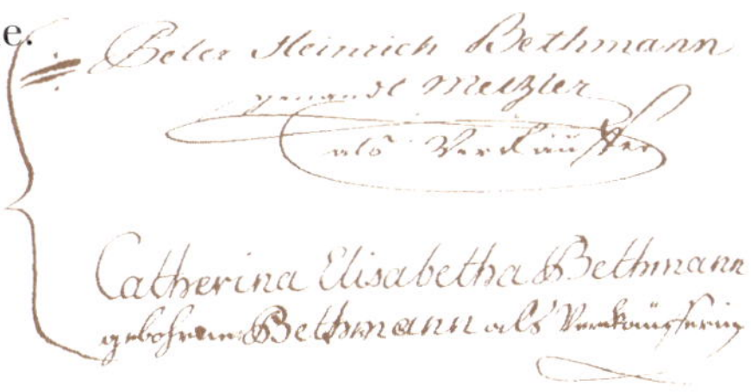

1771
Friedrich Metzler wird die Geschäftsleitung von „Benjamin Metzler seel. Sohn & Konsorten" übertragen.

1793
Ludwig XVI. und seine Gemahlin Marie Antoinette werden in Paris mit der Guillotine hingerichtet.

1800
Napoleon Bonaparte gründet die Bank von Frankreich mit Sitz in Paris.

oben: Unterschriften Peter Heinrich und Katharine Elisabeth von Bethmann
rechts: Peter Heinrich von Bethmann genannt Metzler (1744–1800)

Senator Dr. Johann Wilhelm Metzler

Ein Metzler als
Bürgermeister Frankfurts

Senator Dr. Johann Wilhelm Metzler – ein Metzler als Bürgermeister Frankfurts | Der 1755 geborene Johann Wilhelm Metzler ist eines der wenigen Mitglieder der Familie Metzler, das nicht als Kaufmann tätig war – und auch er war außergewöhnlich erfolgreich. Die Übernahme öffentlicher Ämter verstand er als persönliche Verpflichtung. Der promovierte Jurist lebte und arbeitete zunächst in Straßburg. Bei Ausbruch der Französischen Revolution kehrte er in seine Geburtsstadt Frankfurt zurück. Als Frankfurt 1792 im Krieg mit Frankreich in Bedrängnis geriet, reiste er im Auftrag der Stadt zusammen mit seinem Vetter Friedrich Metzler zu dem Grafen von Erbach und dem Prinzen Esterhazy nach Freiburg und verhandelte erfolgreich um den ungehinderten Schiffsverkehr auf dem Rhein. Im November 1792 wurde Dr. Johann Wilhelm Metzler in den Rat der Stadt berufen. Im Juli 1796 rettete er bei der Beschießung und späteren Einnahme Frankfurts durch die Franzosen wichtige städtische Urkunden und Archivalien sowie die beim Rechneiamt hinterlegten Anleiheurkunden der Stadt, die er ins fränkische Ansbach in Sicherheit brachte.

Dr. Johann Wilhelm Metzler lernte Napoleon kennen und nannte ihn einen „Wüterich“. Er traf ihn, als er

Metzler und Napoleon_Seite 135

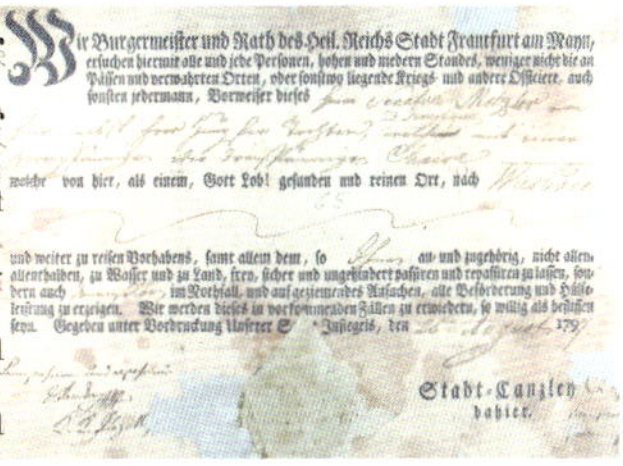
Wir Burgermeister und Rath des Heil. Reichs Stadt Frankfurt am Mayn, ersuchen hiermit alle und jede Personen, hohen und niedern Standes, weniger nicht die an Pässen und verwahrten Orten, oder sonstwo liegende Kriegs- und andere Officiere, auch sonsten jedermann, Vorweiser dieses

welche von hier, als einem, Gott Lob! gesunden und reinen Ort, nach

und weiter zu reisen Vorhabens, samt allem dem, so an- und zugehörig, nicht allein, allenthalben, zu Wasser und zu Land, frey, sicher und ungehindert passiren und repassiren zu lassen, sondern auch im Nothfall, und auf geziemendes Ansuchen, alle Beförderung und Hülfeleistung zu erzeigen. Wir werden dieses in vorkommenden Fällen zu erwiedern, so willig als beflissen seyn. Gegeben unter Vordruckung Unserer S[illegible] Insiegels, den 179

Stadt-Canzley dahier.

1789
In Frankfurt beginnt der Bau der Paulskirche. Abgeschlossen wird er aufgrund der Napoleonischen Kriege und der Reformierung der Kirchenordnung erst 1833.

1796
Metzler wird beauftragt, in Verhandlungen mit den französischen Besatzern die Kontributionsforderungen zu senken und die Unabhängigkeit der Stadt sowie die Handels- und Messefreiheit zu sichern.

oben: Senator-Pass für Dr. Johann Wilhelm Metzler, 1797
rechts: Paulskirche in Frankfurt am Main, um 1850

im Auftrag der Stadt Frankfurt im September 1804 in Mainz an einer Konferenz teilnahm, und ein zweites Mal bei dessen Kaiserkrönung in Paris, worüber er in Frankfurt ausführlich berichtete.

Dr. Johann Wilhelm Metzler hatte zahlreiche Ämter inne: In den Jahren 1802 und 1805 wurde er zum Jüngeren Bürgermeister der Stadt gewählt, ebenso vom Dezember 1814 bis Juni 1815. Bis 1816 war er als Senator und Direktor des Stadtgerichts tätig. Zwischen 1816 und 1823 wurde er viermal zum Älteren Bürgermeister ernannt. Später wurde er Direktor des Konsistoriums, der evangelischen Kirchen- und Schulaufsicht der Stadt. Bis zu seiner Pensionierung im Jahre 1835 saß er im Rat der Stadt. Weil der Bankier und Stifter Johann Friedrich Städel ihn hoch schätzte, bestellte er ihn in seinem Testament als Schiedsinstanz für seine Stiftung des Städelschen Kunstinstituts.

Seite 199_Das Städel

Senator Dr. jur. Johann Wilhelm Metzler starb 1837. Der in Frankfurt angesehene Jurist und Verwaltungsfachmann war als Älterer Bürgermeister das erste Stadtoberhaupt der Freien Stadt Frankfurt. Daher steht sein Name auf einer Bronzetafel mit den Namen der Bürgermeister in der Wandelhalle des Römers an erster Stelle.

1806
Die preußische Armee unterliegt in der Schlacht bei Jena und Auerstedt den Truppen Napoleons. Kaiser Franz II. legt die Kaiserkrone des Heiligen Römischen Reichs Deutscher Nation nieder.

1806
Mit der Auflösung des Alten Reichs verliert Frankfurt seine Reichsunmittelbarkeit, es wird dem Fürstprimas des Rheinbundes unterstellt, unter dem es 1810 Großherzogtum wird.

1813–1815
Völkerschlacht bei Leipzig. Im darauf folgenden Jahr dankt Napoleon zum ersten Mal ab. In der Schlacht bei Waterloo 1815 wird er vernichtend geschlagen und dankt zum zweiten Mal ab.

oben: Johann Friedrich Städel (1728–1816)
links: Senator Dr. Johann Wilhelm Metzler (1755–1837)

1815

Der Wiener Kongress beschließt, dass an die Stelle des Heiligen Römischen Reichs Deutscher Nation der Deutsche Bund tritt, gebildet von 34 Fürsten und vier freien Städten. Oberste Behörde ist der Bundestag in Frankfurt.

1815

Johann Friedrich Städel stiftet das spätere Städelsche Kunstinstitut. In seinem Stifterbrief verweist er auf die Kompetenz Dr. Johann Wilhelm Metzlers.

1816

Am 5. November wird der Bundestag in Frankfurt eröffnet.

oben: Römerberg, um 1822
rechts: Städelsches Kunstinstitut, um 1840

Emma Metzler

Beliebte Gastgeberin
und erfolgreiche
Briefschreiberin

Emma Metzler – beliebte Gastgeberin und erfolgreiche Briefschreiberin | Nicht immer sind es die in der Öffentlichkeit stehenden Persönlichkeiten, die entscheidende Veränderungen herbeiführen oder sich tatkräftig für das Gemeinwohl einsetzen. Oft sind es im Hintergrund tätige Personen, die wenig bekannte Verdienste erwerben. Zu Letzteren zählt die couragierte Emma Metzler, die durch den beherzten und gezielten Einsatz ihrer Schreib- und Redekunst, durch ihr diplomatisches Gespür und nicht zuletzt mit ihrem Charme einen wesentlichen Beitrag zur Rücknahme schwerer kriegsbedingter Lasten für ihre Heimatstadt Frankfurt leistete.

Agnes Pauline Emma Lutteroth, genannt Emma, wurde 1827 in Frankfurt geboren. Ihr Vater war in zweiter Ehe mit Marianne Charlotte Gontard verheiratet. Emmas Stiefmutter führte einen Salon in Frankfurt; ihr Haus war „eines der gastlichsten und während der Bundestagszeit in Frankfurt bekanntesten“. Frankfurt war zu jener Zeit einer der politisch bedeutendsten Orte Deutschlands, ja sogar Europas. Alteingesessene Frankfurter Kaufmannsfamilien, Bundestagsabgeordnete und auswärtige Offiziere trafen sich bei zahlreichen Festen und anderen gesellschaftlichen Anlässen. Schon

1821
Georg Simon Ohm entdeckt das nach ihm benannte Gesetz in der Elektrotechnik, die Proportionalität zwischen Strom und Spannung in einem elektrischen Leiter.

1826
Die Teilhaber des Bankhauses Metzler erwerben das Geschäftshaus in der Großen Gallusstraße 18. Seitdem befindet sich dort der Geschäftssitz des Bankhauses Metzler.

1832
Johann Wolfgang von Goethe stirbt 82-jährig in Weimar. Sein Drama Faust II wird im darauf folgenden Jahr postum veröffentlicht.

oben: Die Töchter Lutteroth (3.v.l. Emma)
rechts: Emma Metzler geb. Lutteroth (1827–1880)

bald verbanden sie vielerlei gesellschaftliche und freundschaftliche Beziehungen.

Charlotte Lutteroth zählte damals zu den populärsten Persönlichkeiten Frankfurts, sie bereicherte die geselligen Festlichkeiten durch ihre geistreiche und anregende Unterhaltung. Zu ihren Gästen gehörten fast alle Mitglieder des Bundestages, viele deutsche Fürsten, später auch König Wilhelm und Otto von Bismarck. Gerade in ihrem Kreise hielt sich Otto von Bismarck gerne auf.

Emma Lutteroth heiratete 1844 im Alter von 17 Jahren den Bankier Wilhelm Peter Metzler (1818–1904). Auch bei der Familie Metzler gingen die auswärtigen Diplomaten ein und aus. Otto von Bismarck selbst prägte dafür den Begriff „metzlern". Emma Metzler führte einen regen Briefwechsel mit Otto von Bismarck, aus dem mehrere Briefe erhalten sind. So schreibt Otto von Bismarck am 19. Juni 1859 aus Petersburg: „Ihre Photographie kam mir leider nicht unversehrt vor Augen; Sie hatten mit klebender Tinte geschrieben und das Bild in den Brief gewickelt. Es war leider nicht möglich, beide Gegenstände zu trennen, ohne Ihrem Ebenbilde einen großen Teil der Kleidung zu entreißen, welche die Reize des Originals sittsam verhüllt hatte; doch

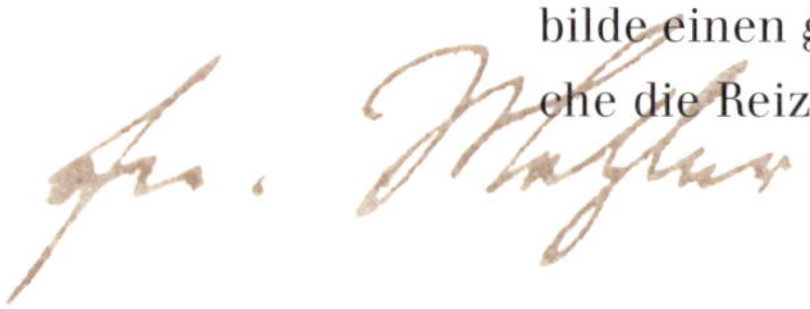

1835
Am 7. Dezember fährt die erste deutsche Eisenbahn von Nürnberg nach Fürth.

1837
Der Schreibtelegraf wird von Samuel Morse erfunden.

1839
Wilhelm Peter Metzler hält sich im Rahmen seiner Bankausbildung in Paris auf und sucht den Kontakt zu dort lebenden Künstlern. Das weckt in ihm die Begeisterung für die Kunst.

oben: Unterschrift von Emma Metzler
links: Wilhelm Peter Metzler (1818–1904)

1844
Wilhelm Peter Metzler tritt in die Geschäftsleitung des Bankhauses ein. Er bleibt zeitlebens ein engagierter Kunstsammler und bekannter Kunstkenner.

1849
Dem Physiker Jean Bernard Léon Foucault gelingt mit dem nach ihm benannten Pendel im Pariser Panthéon der empirische Nachweis der Erdrotation.

1851
In London findet die erste Weltausstellung statt.

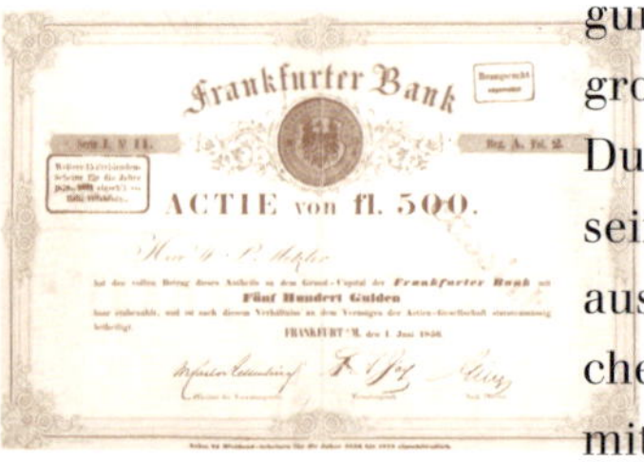

ist der Abglanz der Gesichtszüge, deren Anblick das Dasein der Frankfurter verschönert, unversehrt geblieben und ähnlich genug, um die Erinnerung an frohe Tage zu beleben. Ihre Mitteilungen über die politische Aufregung im liebenswürdigen Mainstädtchen habe ich mit großer Teilnahme gelesen; hoffentlich wird seitdem der Durst nach Blut dem nach Äppelwein wieder etwas von seinem natürlichen Recht eingeräumt haben. Von hier, aus dreihundert Meilen Entfernung, sehen sich die Sachen kaltblütiger an und man gewöhnt sich, die Politik mit mehr Ruhe und Höflichkeit zu behandeln als in der Eschenheimer Gasse …“

Diese Worte waren allerdings an Emma Metzler verschwendet, denn sie nahm die Politik sehr ernst und schrieb unentmutigt immer weiter an Otto von Bismarck über alles, was ihr wesentlich erschien. Bismarck hüllte sich gelegentlich in diplomatisches Schweigen, aber die Verbindung blieb weiterhin bestehen.

Durch die persönliche Bekanntschaft und den intensiven Briefwechsel entstand zwischen Otto von Bismarck und Emma Metzler mit der Zeit eine große Vertrautheit. Sie gab Emma Metzler den Mut, sich nach der Annexion Frankfurts durch Preußen im Jahre 1866 hartnäckig und unbeirrt bei Bismarck dafür einzu-

1862
Otto von Bismarck wird preußischer Ministerpräsident und Außenminister. Beide Ämter hat er bis 1890 inne.

1863
Vom 17. August bis 1. September findet in Frankfurt der Deutsche Fürstentag statt.

1865
Der amerikanische Bürgerkrieg endet mit dem Sieg der Nordstaaten; die Sklaverei wird abgeschafft.

oben: Aktie von Wilhelm Peter Metzler, 1856
links: Emma Metzler (1827–1880)

setzen, dass die finanziellen Lasten ihrer Heimatstadt gemildert wurden.

Otto von Bismarck hatte eine Klage des preußischen Staates gegen die in Frankfurt erscheinende Zeitung „Europe“ veranlasst, die am 27. Juni geschrieben hatte: „Hütet Euch vor Preußen“. Vier Tage nach der Schlacht bei Königgrätz, am 7. Juli 1866, wandte sich Emma Metzler an Otto von Bismarck, um Frankfurt in Schutz zu nehmen, schob die Schuld auf die Zeitungen, die in unverantwortlicher Weise gemeine Lügen ausgestreut hätten, und erbat Gerechtigkeit für ihre Vaterstadt. Am Abend des 16. Juli 1866 wurde Frankfurt von den nun als Feinden einziehenden preußischen Truppen besetzt. Und als der Stadt eine Kontribution von 25 Millionen Gulden und schwere Einquartierungslasten auferlegt wurden, schrieb Emma Metzler direkt an König Wilhelm von Preußen.

Am 3. September 1866 wandte sie sich aus dem Urlaub in Interlaken wieder an Otto von Bismarck und führte ihm die Situation der Stadt vor Augen: „Ich bin namenlos traurig und tief gedrückt, dass die Verfolgung unserer armen Stadt Frankfurt noch immer fortdauert. Sie wurde furchtbar heimgesucht, […] hat die Erinnerung kein Anrecht auf Ihr Herz, dürfte Frankfurt, wo Sie

1866
Nach dem Sieg Preußens über Österreich wird der Deutsche Bund aufgelöst. Frankfurt wird von Preußen annektiert und verliert seine politische Selbstständigkeit. Die Stadt Frankfurt hat zu dieser Zeit rund 78.000 Einwohner.

1870
Heinrich Schliemann entdeckt die Ruinen Trojas im Nordwesten der heutigen Türkei.

1871
Nach dem Sieg über Frankreich wird Wilhelm I. in Versailles zum Deutschen Kaiser und König von Preußen proklamiert. Otto von Bismarck wird Reichskanzler, Berlin Reichshauptstadt.

oben: Heinrich Schliemann, Trojanische Alterthümer, 1874
rechts: Otto von Bismarck (1815–1898)

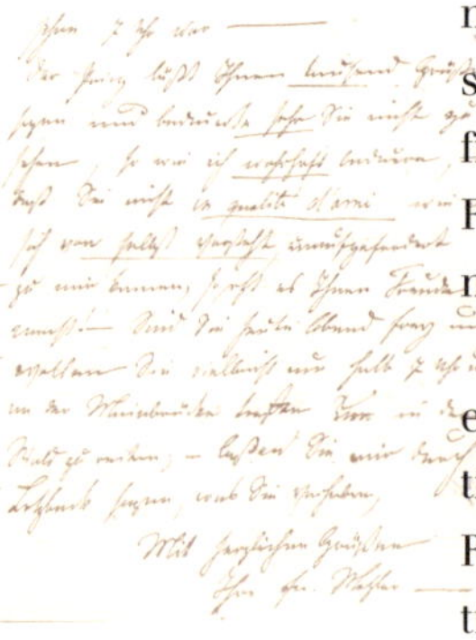

acht Jahre lebten, wo Ihr kleiner Bill geboren – wo Ihre liebe kleine Marie so gerne war, wo Ihre Frau von Bismarck so hoch geschätzt und geliebt wurde, wo Sie selbst, wie ich immer hoffte, für einige ein herzliches, freundliches Gedenken bewahrten – dürfte dies arme Frankfurt gerade von Ihnen nicht auf ein wenig Schonung und Nachsicht hoffen?"

Die Ereignisse dieser Zeit ließen die Korrespondenz etwas zäher werden, was Emma Metzler nicht entmutigte. Im Februar 1867 legte sie Otto von Bismarck die Rückerstattung der Frankfurt aufgebürdeten Kontribution von sechs Millionen Gulden nahe, in einer Zeit, in der noch das Damoklesschwert einer weiteren Kontributionszahlung von 25 Millionen Gulden über der Stadt schwebte und diese phantastische Summe wegen Frankfurts Weigerung sogar auf 35 Millionen Gulden erhöht werden sollte. Dass diese weitergehenden Forderungen fallen gelassen wurden, daran dürfte Emma Metzlers Intervention ebenfalls beteiligt gewesen sein. In seinem Brief vom 7. März 1867 avisierte Otto von Bismarck ihr, dass er „aber nicht müßig gewesen [sei], im Interesse Ihres ‚armen' Frankfurt, und hoffe, dass sich dort alles zur Zufriedenheit ergeben wird". Und wirklich wurde

1874
Der Preußische Landtag verabschiedet das Gesetz über die obligatorische Zivilehe. Danach ist auch eine Ehescheidung möglich.

1877
Der Mitteldeutsche Kunstgewerbeverein in Frankfurt wird unter Mitwirkung von Wilhelm Peter Metzler gegründet.

1880
Die Frankfurter Oper, heute „Alte Oper", wird mit „Don Giovanni" eröffnet. Der Bau wurde weitgehend durch Spenden wohlhabender Bürger finanziert.

oben links: Brief von Emma Metzler; oben rechts: Wilhelm Peter Metzler (1818–1904)
links: Bismarck auf dem Berliner Kongress, 1878; rechts: Ansicht von Sachsenhausen, 1872

die Frage der Kontributionen auch für Frankfurt sehr zufriedenstellend geregelt.

Die preußische Regierung scheint Emma Metzler ihre Einmischung nicht übel genommen zu haben. Jedenfalls bestand die Verbindung zur Familie von Bismarck fort, und bei den Friedensverhandlungen nach 1871 war Otto von Bismarck noch oft Gast im Metzler'schen Haus, ebenso wie später bei Emma Metzlers Tochter Sascha, die nach ihrer Hochzeit mit Friedrich Graf von Schlippenbach 1874 in Berlin einen Salon führte.

Als Emma Metzler 1880 in Falkenstein im Alter von nur 53 Jahren starb, hatte sie ihrem „armen Frankfurt", wie sie schrieb, „durch ihre Zeilen genützt und in ihrem Leben Gelegenheit gehabt, Gutes zu wirken". Alexandre Dumas setzte ihr im Roman „Der Schleier im Main" in der Emma von Bülow ein literarisches Denkmal und zitierte darin Auszüge aus ihren Briefen.

Im Jahr 2000 wurde ein Restaurant im Museum für Angewandte Kunst eröffnet und nach Emma Metzler benannt. In Fortsetzung der Tradition der Salonkultur bleibt dadurch die Erinnerung an dieses engagierte Mitglied der Familie Metzler den Frankfurtern erhalten.

Die Villa Metzler_Seite 179

Frankfurt am Main vom Westen, 1867

„Ich bin namenlos traurig und tief gedrückt, dass die Verfolgung unserer armen Stadt Frankfurt noch immer fortdauert. Sie wurde furchtbar heimgesucht.“

Emma Metzler an Otto von Bismarck, 3. September 1866

Stadtrat

Albert

von

Metzler

Erfolgreich in wechselvollen Zeiten

Stadtrat Albert von Metzler – erfolgreich in wechselvollen Zeiten | Eine der interessantesten Persönlichkeiten in der Metzler-Geschichte ist Stadtrat Albert von Metzler, der aufgrund seines markanten Schnurrbartes auf Porträts und Fotos leicht zu erkennen ist. Der 1839 in Frankfurt geborene Gustav Albert Metzler trat zunächst 1856 in das väterliche Bankhaus ein und ging 1858 nach Liverpool, wo er bei einer befreundeten Firma arbeitete. Vier Jahre später kehrte er in die väterliche Bank nach Frankfurt zurück. 1864 ging er nach Paris und gründete dort mit Heinrich Andreae und Alexander Wachter ein Bankhaus, das bis 1868 bestand. 1867 heiratete er Marie Lemmé aus Antwerpen, die vermögende Enkelin des französischen Generals Jean Baptiste Albert (1771–1822), dessen Name auf dem Arc de Triomphe in Paris vermerkt ist.

Der Deutsch-Französische Krieg zwang die beiden, 1870 Paris fluchtartig zu verlassen. Albert Metzler zog mit seiner Familie nach Frankfurt und lebte hier mehrere Jahre als Privatier. Es war die Zeit von Kaiser Wilhelm I., in der in Frankfurt vieles gegründet und aufgebaut wurde und in der „vornehmen Welt" ein reges gesellschaftliches Leben herrschte. In dieser Epoche spielte die gesamte Familie Metzler eine bedeutende Rolle in

1839
Mit der Eröffnung der Taunusbahn von Frankfurt nach Wiesbaden hält das Eisenbahnzeitalter in Frankfurt Einzug.

1842
Ein Dampfschiff startet von England aus zur ersten Dampferfahrt rund um die Erde. In der preußischen Armee wird die Pickelhaube eingeführt.

1851
Die Disconto-Gesellschaft eröffnet in Berlin ihren Geschäftsbetrieb. Durch eine Fusion geht aus ihr 1929 die Deutsche und Disconto-Bank hervor, die sich ab 1937 Deutsche Bank nennt.

oben: Postdampfer Britannia, um 1840
rechts: Stadtrat Albert von Metzler (1839–1918)

der Frankfurter Gesellschaft, und die meisten ihrer Mitglieder führten ein großes Haus und unternahmen ausgedehnte Reisen. Als Familienvorstand kam Albert Metzler dabei eine besondere Rolle zu.

1883 nahm Albert Metzler seine kaufmännische Tätigkeit wieder auf und trat in die Geschäftsleitung des Bankhauses Metzler ein, in der er bis zu seinem Tode tätig war. Daneben übernahm er viele einflussreiche Ehrenämter. So war er Verwaltungsmitglied der Senckenbergischen Stiftung, ab 1884 Mitglied der Handelskammer und der Stadtverordnetenversammlung, seit 1881 ehrenamtlicher Stadtrat, 1885 bis 1893 Mitglied im Preußischen Abgeordnetenhaus, ab 1886 bayerischer Generalkonsul. Ab 1897 vertrat er den Frankfurter Magistrat im Kommunallandtag, und 1904 erhielt er eine Berufung in das Preußische Herrenhaus auf Lebenszeit. 1912 führte er nach dem Rücktritt von Bürgermeister Franz Adickes und dem krankheitsbedingten Ausfall seines Stellvertreters als ältestes Magistratsmitglied die Amtsgeschäfte. Als großer Pferdefreund war er Gründungsmitglied und Präsident des Frankfurter Rennklubs.

Zum 200-jährigen Bestehen des Königreiches Preußen im Jahre 1901 wurde Albert Metzler zusammen mit seinem Bruder Carl Metzler in den erblichen Adelsstand

1873
Wirtschaftskrise, der so genannte „Gründerkrach"

1876
Durch Umwandlung der Preußischen Bank in die Reichsbank wird eine Zentralnotenbank mit Sitz in Berlin geschaffen.

1879
Die Frankfurter Börse bezieht ihr neues Domizil am Börsenplatz. Frankfurt hat eine Führungsrolle als zentraler Banken- und Börsenplatz.

Marie Mathilde Metzler, geb. Lemmé (1843–1893)

1883
Der deutsche Reichstag macht die Krankenversicherung zur Pflichtversicherung.

1888
Im August wird die Bahnstrecke Hamburg-Frankfurt fertiggestellt. Der Zug aus Hamburg fährt in die neuen Frankfurter Bahnhofshallen ein, den heutigen Hauptbahnhof.

1890
Frankfurt hat 180.000 Einwohner.

Stadtrat Albert von Metzler (1839–1918)

erhoben. In Anerkennung seiner Leistungen benannte die Stadt Frankfurt 1912 eine Straße in Sachsenhausen nach ihm, die „Metzlerstraße“. Er starb hochbetagt in der Zeit des zu Ende gehenden Weltkrieges im Jahre 1918. Noch heute erinnert das jährlich auf der Frankfurter Galopprennbahn stattfindende „Stadtrat-Albert-von-Metzler-Rennen“ an ihn.

1890–1912
Unter Oberbürgermeister Franz Adickes entwickelt sich Frankfurt zur modernen Industrie- und Handelsstadt. Mit Veranstaltungen und Ausstellungen knüpft die Stadt an die alte Messetradition an.

1902
Der erste allgemeine deutsche Bankierstag findet in Frankfurt statt.

1910
Insbesondere durch 15 Eingemeindungen erhöht sich die Einwohnerzahl Frankfurts von 180.000 im Jahr 1890 auf mehr als 400.000.

oben: Albert von Metzler mit Frau Marie und den Kindern Mathilde und Moritz, um 1873
links: Stadtrat Albert von Metzler (1839–1918)

Blick vom Städel auf Haus und Garten von Albert von Metzler, um 1890

Albert von Metzler

Ein weitsichtiger Bankier und faszinierender Mensch

Albert von Metzler – weitsichtiger Bankier und faszinierender Mensch | Den 1898 geborenen Albert von Metzler prägten neben der Familie in jugendlichen Jahren die Armee und seine Erfahrungen aus dem Ersten Weltkrieg. 1919 trat er als Lehrling in die väterliche Bank ein. Das Bankhaus suchte zunächst eine Basis für den Wiederaufbau unter völlig veränderten Bedingungen, denn der wirtschaftliche Zusammenbruch nach dem Ersten Weltkrieg hatte die Vermögen weitgehend vernichtet, die Belastungen waren jedoch geblieben und die Verbindungen zu den alten Kunden gelockert. Albert von Metzler setzte seine Lehrzeit ab 1920 im Hamburger Bankhaus Münchmeyer & Co. fort, dort lernte er auch das Warengeschäft kennen. Nach seiner Lehre arbeitete er zunächst im Bankhaus Hardy & Co. in Berlin, wo er seine Kenntnisse im Devisengeschäft, Noten- und Börsenhandel vertiefte.

Bereits 1923 wurde Albert von Metzler in die Geschäftsleitung des Bankhauses Metzler berufen. Die anhaltenden Krisen führten dazu, dass 1931 alle Banken mehr oder weniger zahlungsunfähig waren. Die Großbanken wurden durch staatliche Unterstützung gerettet, die Privatbanken mussten aus eigener Kraft überleben. Mit Weitsicht und vorsichtigem Handeln gelang es der

1914–1918
Der Erste Weltkrieg bringt große Armut und nach seinem Ende soziale Unruhen.

1923
Die Inflation erreicht ihren Höhepunkt. Am 15. November werden für einen Dollar 4,2 Billionen Mark gezahlt. Mit Einführung der Rentenmark endet die Inflation.

1929
Am 25. Oktober, dem so genannten Schwarzen Freitag, greift der seit dem Vortag in New York herrschende katastrophale Börsenkrach auf Europa über. Damit beginnt die Weltwirtschaftskrise.

oben: Beschlagnahmung ausländischer Wertpapiere, 1919
rechts: Albert von Metzler (1898–1989)

Metzler'schen Geschäftsleitung, die Turbulenzen der Zeit unbeschadet zu überstehen – eine nicht zu unterschätzende Leistung. Aus den krisenhaften 30er-Jahren gewann Albert von Metzler eine Erkenntnis, die beim Wiederaufbau seiner Bank nach dem Zweiten Weltkrieg zu seiner Geschäftsstrategie werden sollte: Nichts ist für den Privatbankier so notwendig wie eine stabile, breite Eigenkapitalbasis. Um die Liquidität nachhaltig zu sichern, war es ihm wichtig, den Zusammenhalt der Familie zu stärken, bei Kreditrisiken größte Vorsicht walten zu lassen und auf den Ausbau des Einlagengeschäfts zu verzichten.

Dennoch war die geschäftliche Lage so schwierig, dass Albert von Metzler von Oktober 1933 bis März 1934 zur Sächsischen Bodenkreditbank nach Dresden und zur Deutschen Centralbodenkredit AG nach Berlin ging, um dort das Hypothekengeschäft kennen zu lernen und damit dem eigenen Bankhaus ein zusätzliches Standbein zu verschaffen.

In den ersten Jahren der NS-Diktatur traf sich Albert von Metzler jeden Mittwoch mit seinen jüdischen Freunden, um die politische Situation im Allgemeinen und die der jüdischen Mitbürger im Besonderen zu besprechen. Sie kamen schließlich zu der Überzeugung,

1932
Die Weltwirtschaftskrise erreicht ihren Höhepunkt. In Deutschland gibt es über sechs Millionen Arbeitslose.

1938
Das Bankhaus B. Metzler seel. Sohn & Co. wird von einer oHG in eine Kommanditgesellschaft umgewandelt.

oben: 5-Milliarden-Mark-Banknote, 1923
links: Wanderarbeiterin in Kalifornien, 1936, „Sinnbild" der Weltwirtschaftskrise

dass es für die jüdischen Bankiers aussichtslos war, in Deutschland zu bleiben. Die Freunde emigrierten. Albert von Metzler half ihnen uneigennützig bei der Auflösung ihrer Bankhäuser und übernahm einen Teil der Angestellten und Kunden. Er selbst wurde zur Wehrmacht eingezogen, geriet in sowjetische Gefangenschaft und kehrte erst 1950 aus Sibirien zurück.

Nach seiner Rückkehr trat Albert von Metzler sofort wieder in die Geschäftsleitung ein. Gemeinsam mit seinem Vetter Dr. Gustav von Metzler baute er das Bankhaus zunächst von innen heraus wieder auf und widerstand dabei den Verlockungen der Zeit wie Bilanzwachstum, Filialgeschäft und Mengenwachstum. Erst nachdem es ihm gelungen war, wieder genügend Substanz zu schaffen, widmete er sich dem weiteren Ausbau des Bankgeschäfts. So trug er entscheidend bei zur Ausweitung des Vermögensverwaltungsgeschäfts und des provisionsabhängigen Dienstleistungsgeschäftes mit namhaften Unternehmen. 1977 zog sich Albert von Metzler aus der Geschäftsleitung zurück, nahm jedoch bis zu seinem Tod 1989 regen Anteil an der weiteren Entwicklung.

Neben seiner Bankierstätigkeit widmete sich Albert von Metzler zahlreichen öffentlichen Aufgaben: Von 1961 bis 1967 war er Präsident der Frankfurter Wertpapier-

1969
Die Vettern Christoph und Friedrich von Metzler treten in das Bankhaus ein und werden 1971 in die Geschäftsleitung berufen.

1974
Zum 300-jährigen Bestehen des Privatbankhauses Metzler wird die Publikation „Wirtschaft Gesellschaft Geschichte" herausgegeben.

1977
Albert von Metzler zieht sich aus der Leitung des Bankhauses Metzler zurück. Dr. Gustav von Metzler folgt ihm 1978.

börse und zugleich Vorsitzender der Arbeitsgemeinschaft deutscher Wertpapierbörsen. Beim Bundesverband deutscher Banken arbeitete er in verschiedenen Gremien mit. Zudem betätigte er sich, der Familientradition verpflichtet, im Verwaltungsausschuss des Freien Deutschen Hochstifts und des Frankfurter Goethe-Museums sowie in der Administration des Städelschen Kunstinstituts und der Senckenbergischen Stiftung. Für seine großen Verdienste zeichnete ihn die Stadt Frankfurt 1969 mit der Ehrenplakette aus.

Albert von Metzler hat 67 Jahre lang mit Weitsicht und Gestaltungskraft das Bankhaus Metzler geprägt. Sein analytischer Verstand und seine zurückhaltende, sympathische Art sind bei denen, die das Glück hatten, ihn kennen zu lernen, bis heute unvergessen. Albert von Metzler heiratete 1941 Elisabeth Kunze. Aus dieser Ehe gingen zwei Kinder hervor, Barbara und Friedrich.

In Erinnerung an ihn wurde die Albert von Metzler-Stiftung gegründet, die 2006 mit der Stiftung seiner Tochter als Albert und Barbara von Metzler-Stiftung zusammengeführt wurde. Vorstand der Metzler-Stiftung ist Sylvia von Metzler.

Barbara von Metzler (1941–2003)

1979
Zum 1. Januar tritt das Europäische Währungssystem in Kraft.

1986
Die Privatbank Metzler wird in eine Kommanditgesellschaft auf Aktien umgewandelt. Es wird gleichzeitig eine Holding gegründet.

1988
Albert von Metzler kann bei bester Gesundheit seinen 90. Geburtstag feiern.

Albert von Metzler (1898–1989)

Eine dynamische „Vettern-Wirtschaft“

Zukunftsweisende Innovationen an der Schwelle zum 21. Jahrhundert

Eine dynamische „Vetternwirtschaft" – zukunftsweisende Innovationen an der Schwelle zum 21. Jahrhundert | Als am 15. August 1969 Christoph und Friedrich von Metzler, die beiden Söhne der Komplementäre Dr. Gustav und Albert von Metzler, in das elterliche Bankhaus eintraten, war es Wunsch und Absicht der Väter, dass ihre beiden Söhne dem traditionsreichen Bankhaus einen Innovationsschub geben würden. Die gleichaltrigen Vettern wurden bereits zwei Jahre später mit achtundzwanzig Jahren zu persönlich haftenden Gesellschaftern berufen. Neben ihren 63- und 73-jährigen Vätern, die sich sukzessive aus der Geschäftsleitung zurückziehen wollten, war damals auch Karl-Oskar Koenigs mit der Leitung der Bank betraut. Die Junior-Chefs entwickelten sich schnell zu einem erfolgreichen Duo.

Beide Vettern hatten sich bereits intensiv auf ihre Tätigkeit im Bankhaus vorbereitet und Berufserfahrungen bei großen Bankhäusern an den internationalen Finanzplätzen gesammelt. Von Anfang an zeichnete Christoph und Friedrich von Metzler ihre jugendliche Frische und Dynamik aus – gepaart mit ihrer Ungeduld, die erworbenen Kenntnisse und Fähigkeiten im eigenen Unternehmen umzusetzen. Vorhandenes hinter-

1969
Im Rahmen des US-Apollo-Programms gelingt Apollo 11 am 20. Juli die erste bemannte Mondlandung.

1969–1970
Das ARPANet, Vorläufer des Internet, wird in den USA gegründet. Anfang der 70er-Jahre werden die ersten Geldautomaten aufgestellt.

1972
Das Habenzinsabkommen, eine Zinsgarantie aus Zeiten der Reichsbank, wird aufgehoben.

Albert von Metzler (1898–1989)

fragten sie und suchten nach zukunftsorientierten Neuerungen. Die bisher vorwiegend aus Bankfachleuten bestehende Führungsmannschaft ergänzten sie um qualifizierte Akademiker und Führungskräfte von außen und sorgten so für einen kreativen Nährboden im Bankhaus. Die ersten Ergebnisse zeigten sich schnell. Im Jahre 1973 veröffentlichte das Bankhaus Metzler erstmals in seiner Geschichte einen Geschäftsbericht über das vorangegangene Geschäftsjahr.

Der aus der so genannten „Bonameser Linie" stammende Christoph von Metzler liebte grundsätzliches Denken und intellektuelle Herausforderungen. Er war begeistert von Handelsaktivitäten und vom Umgang mit anspruchsvollen Kunden. Dabei war er in der Bank ein „kreativer Unruhestifter", unaufhörlich auf der Suche nach einer strategischen Neuausrichtung der Bank und unermüdlich im Ausbau der kommerziellen Geschäftstätigkeit. In der Tradition der früheren Partner wurde Christoph von Metzler bereits 1969 in den Frankfurter Beirat der Deutschen Bank AG berufen. Insbesondere aus seiner früheren Tätigkeit als Leiter des „German desk" beim renommierten Londoner Bankhaus J. Henry Schroder Wagg & Co. brachte er sowohl lukrative Geschäftsideen als auch exzellente Beziehungen in die

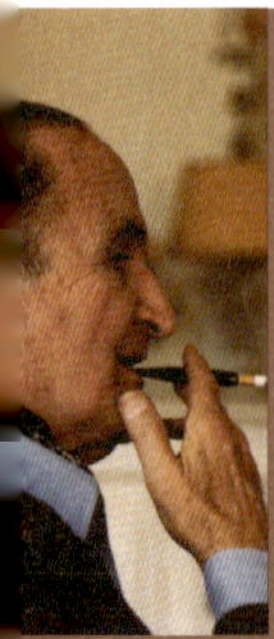

1973
Die erste Ölkrise beginnt, als die OPEC die Fördermengen drosselt.

1974
Der Zusammenbruch des Kölner Bankhauses I. D. Herstatt KGaA löst eine Krise unter den Privatbanken aus.

1974
Die Fußballweltmeisterschaft findet in der Bundesrepublik Deutschland statt, das Eröffnungsspiel im Frankfurter Waldstadion.

Dr. Gustav von Metzler (1908–1984)

obersten Etagen international agierender Großunternehmen mit. Durch die Finanzierung von Auslandsakzepten, Flugzeugen und Warenlieferungen mit geringem Eigenanteil und hoher Syndizierungsquote baute er ein spezielles Know-how in der Bank auf. Erste Meilensteine waren der Ausbau und die Weiterentwicklung des Devisenhandels, die betriebswirtschaftliche Berücksichtigung von Fremdwährungsrisiken für die exportintensive Großindustrie sowie die Vermittlung der ersten Schuldscheindarlehen aus dem Nahen Osten an große öffentlich-rechtliche Kreditnehmer in Deutschland. Daraus entstand das strategische Devisenmanagement für Großunternehmen. Es galt damals als revolutionär und beschleunigte den Aufbau eines neuen Geschäftsfeldes, des Corporate Finance. Die Ermittlung der Ausfallrisiken von Handelstermingeschäften und deren risikoorientierte Limitierung sind weitere Beispiele für die von ihm angestoßenen Neuerungen. Der stets ruhelose Christoph von Metzler sorgte mit seiner Kreativität und Überzeugungskraft, seinem großzügigen Denken und der bedeutenden Geschäftsausweitung für eine starke Geschäftsbelebung. Unvergesslich sind allen involvierten Führungskräften die von ihm initiierten Strategiegesprächsabende, die sich häufig bis tief in die Nacht hinzogen.

1974
Das Bankhaus Metzler wird 300 Jahre alt.

1977
Der Bankier Jürgen Ponto wird von Mitgliedern der Rote Armee Fraktion in seinem Haus bei Frankfurt erschossen.

Christoph von Metzler (1943–1993)

Christoph von Metzler wurde 1993 im Alter von nur fünfzig Jahren mitten aus seinem engagierten Wirken gerissen. Sein Tod verursachte spürbare Lücken in der Metzler'schen Unternehmensgruppe und bei seinen zahlreichen Engagements in Wirtschaft, Kultur und Gesellschaft. Er hinterließ eine Witwe und zwei heranwachsende Söhne im Alter von 16 und 18 Jahren, Peter und Leonhard. Dr. Leonhard von Metzler trat 2009 als Direktor im Private Banking in das Bankhaus ein.

Dem aus der „Frankfurter Linie" stammenden Friedrich von Metzler lag das Börsen-, Wertpapier- und Vermögensverwaltungsgeschäft sozusagen „im Blut". Als Spross der Bankiersfamilie lernte auch er das Geschäft von der Pike auf. Von Beginn seines Wirkens an besaß er ziemlich konkrete Vorstellungen über die Richtung, in die sich die Familienbank entwickeln sollte. Die Frage „Wie könnte die Rolle einer Privatbank künftig aussehen?" beantwortet er selbst mit dem Fazit: „Eine Privatbank, die das gleiche Geschäft betreibt wie eine Großbank oder eine Sparkasse, hat im Grunde keine Daseinsberechtigung." So hatte bereits sein Vater die DWS Investmentgesellschaft seit ihrer Gründung 1956 begleitet, und Friedrich von Metzler setzte 1969 den aufkommenden Trend zum Investmentsparen im eige-

Christoph von Metzler (1943–1993)

1979
Zum 1. Januar tritt das Europäische Währungssystem in Kraft. Es gilt bis zur Einführung des Euro am 1. Januar 1999.

1981
In der Bundesrepublik Deutschland herrscht das höchste Zinsniveau der Nachkriegszeit.

1986
Bei einem Reaktorunfall in Tschernobyl werden große Mengen radioaktiver Strahlung freigesetzt. Weite Teile von Europa sind betroffen.

nen Hause um. Er gewann die DWS als Kapitalanlagegesellschaft für die Auflage und Verwaltung eines eigenen Publikumsfonds, des „Privatfonds". Im Jahre 1977 legte Metzler gemeinsam mit der Universal Investment GmbH den ersten Spezialfonds auf. Aufgrund der erfreulichen Entwicklung der Investmentbranche war die Gründung einer eigenen Kapitalanlagegesellschaft für Publikums- und Spezialfonds, der Metzler Investment GmbH, im Jahre 1987 die logische Konsequenz. Zusätzlich verstärkte Friedrich von Metzler zusammen mit hochkarätigen Fachleuten das Börsenhandelsgeschäft für Kunden. Ein Verfahren zur Bewertung von börsennotierten Aktiengesellschaften, um Kauf- oder Verkaufsimpulse zu erlangen, wurde entwickelt und ein internationales Netz an Kunden aufgebaut. So nahm das Wertpapiergeschäft einen spürbaren Aufschwung, und die verwalteten Vermögen wuchsen permanent an.

Der Börsenfachmann Friedrich von Metzler wurde 1986 Mitglied im Vorstand der Frankfurter Wertpapierbörse, der ihn 1989 zu ihrem Vorsitzenden wählte. In diesen Jahren wurde die Börse aus der Trägerschaft der Industrie- und Handelskammer gelöst und die Frankfurter Wertpapierbörse AG gegründet, aus der 1992 die Deutsche Börse AG hervorging. Mit Weitblick und Mut

1987
Internationaler Börsenkrach („Schwarzer Montag") am 19. Oktober: Innerhalb eines Tages brechen die Kurse um mehr als 20 Prozent ein.

1989
Der Fall der Berliner Mauer am 9. November markiert das Ende der DDR.

Friedrich von Metzler, 1971

wurden die Zersplitterung der deutschen Börsenlandschaft überwunden, viele technische und organisatorische Neuerungen eingeführt und so der Finanzplatz Frankfurt gestärkt.

Im eigenen Unternehmen konzentrierte sich Friedrich von Metzler zielstrebig auf nichtbilanzwirksame Finanzgeschäfte und den Ausbau des Asset-Management für institutionelle Anleger. 1998 führte er mit der angelsächsisch geprägten Partnerstruktur eine neue Leitungsform in der Metzler'schen Unternehmensgruppe ein. Gemeinsam mit seinen Partnern richtete er in aller Stille das Bankhaus auf die strategischen Geschäftsfelder aus. Friedrich von Metzler ist verheiratet und Vater von drei Kindern, Franz, Elena und Jakob.

Die bedeutendste Veränderung, die die beiden Vettern in Gang setzten, war die Umwandlung der Bank von einer KG in eine Kommanditgesellschaft auf Aktien und die Schaffung einer Holdingstruktur im Jahr 1986. Alte Gesellschafterstrukturen wurden bereinigt, Aufgaben in eigenständige Tochterunternehmen ausgegliedert und das Kapital durch die Hebung stiller Reserven deutlich erhöht. Diese Maßnahmen setzten einen Wachstumsprozess in Gang, dessen Dynamik noch heute anhält.

Die beiden „jungen Wilden“ setzten einen Evolutionsprozess in Gang, der die Weiterentwicklung des

1990
Mit einem Staatsakt findet am 3. Oktober in Berlin die Wiedervereinigung Deutschlands statt.

1995
Das Europäische Währungsinstitut, Vorläufer der Europäischen Zentralbank, nimmt seine Arbeit im Eurotower in Frankfurt auf.

2002
Am 1. Januar wird der Euro in zwölf Staaten der Europäischen Union sowie in Andorra, Monaco, Montenegro, San Marino und dem Vatikan als gemeinsame Währung eingeführt. Der Euro ist seitdem gesetzliches Zahlungsmittel.

links: Bulle und Bär vor der Frankfurter Börse

Unternehmens bis heute fördert. Damit taten die dynamischen Vettern nichts anderes als ihre Vorfahren: Sie haben den Markt beobachtet, interpretiert und vorausschauend einen neuen Kurs eingeschlagen, um die aus dem traditionsreichen Familienunternehmen hervorgegangene Metzler'sche Unternehmensgruppe für die Herausforderungen des 21. Jahrhunderts zu rüsten.

Friedrich von Metzler vor dem Porträt von Johanna Friederike Metzler (1784–1836)

Familie Metzler in Rom, März 1894

Familie

Die

J. B. Metzler'sche

Verlagsbuch-handlung

Die J. B. Metzler'sche Verlagsbuchhandlung |

Immer wieder taucht die Frage auf, ob eine Verbindung zwischen dem Bankhaus Metzler und der traditionsreichen Verlagsbuchhandlung Metzler besteht.

Tatsächlich wurden beide Unternehmen von Mitgliedern derselben Familie gegründet. August Metzler, ein 1654 geborener jüngerer Bruder von Benjamin Metzler, erlernte zunächst das Buchbinderhandwerk und übersiedelte im Jahre 1681 nach Stuttgart. Dort war bereits seit 1670 der Buchbinder Gottfried Zubrod aus Frankfurt am Main ansässig. Er entstammte einer Frankfurter Buchhändlerfamilie und war der erste ständige Buchhändler in Stuttgart. Gottfried Zubrod stellte 1681 August Metzler in seiner Handlung als Gehilfen an. Schon im nächsten Jahr gründete August Metzler in Stuttgart ein eigenes Unternehmen, das schnell zu den angesehensten und bedeutendsten Buchhandlungen im süddeutschen Raum zählte.

Benjamin Metzler_Seite 67

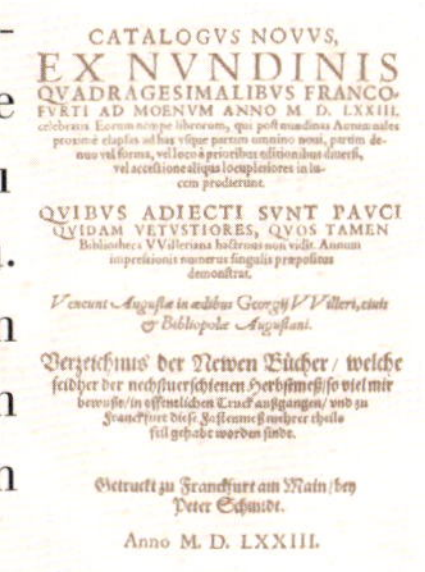
CATALOGVS NOVVS,
EX NVNDINIS
QVADRAGESIMALIBVS FRANCOFVRTI AD MOENVM ANNO M. D. LXXIII.
celebratis. Eorum nempe librorum, qui post nundinas Autumnales proximè elapsas ad has usque partim omnino noui, partim denuo vel forma, vel loco à prioribus editionibus diuersi, vel accessione aliqua locupletiores in lucem prodierunt.

QVIBVS ADIECTI SVNT PAVCI QVIDAM VETVSTIORES, QVOS TAMEN Bibliotheca VVilleriana hactenus non vidit. Annum impressionis numerus singulis præpositus demonstrat.

Veneunt Augustæ in ædibus Georgij VVilleri, ciuis & Bibliopolæ Augustani.

Verzeichnus der Newen Bücher / welche seidher der nechstuerschienen Herbstmeß / so viel mir bewußt / in offentlichen Truck außgangen / vnd zu Franckfurt diese Fastenmeß mehrer theils feil gehabt worden sinde.

Getruckt zu Franckfurt am Main / bey Peter Schmidt.

Anno M. D. LXXIII.

August Metzler, der Stammvater des Stuttgarter Zweiges der Familie Metzler, besuchte öfters die Frankfurter Messe und seine Brüder. Er starb 1713 als wohlhabender Mann. 1716 übernahm sein Sohn Johann Benedikt Metzler die Geschäftsleitung. Er war auch der Namensgeber des Verlags. Bis 1908 war das Unterneh-

UM 1480
Die Buchmesse wird fester Bestandteil der Frankfurter Messe. Sie findet – wie alle Messen zu dieser Zeit – auf dem Römerberg statt.

1659
Die Cotta'sche Verlagsbuchhandlung wird in Tübingen gegründet.

oben: Buchkatalog zur Frankfurter Fastenmesse, 1573
rechts: Am rechten Rand Metzler-Haus in Stuttgart, um 1880

men in Familienbesitz. Die Verbindung zu der Frankfurter Verwandtschaft blieb auch darüber hinaus bestehen. So ließ das Bankhaus Metzler seine Schrift zum 300-jährigen Jubiläum durch die J. B. Metzler'sche Verlagsbuchhandlung verlegen. Mit ihrer über 325-jährigen Geschichte ist die 1682 gegründete J. B. Metzler'sche Verlagsbuchhandlung heute einer der ältesten Verlage Deutschlands und einer der wichtigsten deutschen geisteswissenschaftlichen Fachverlage.

1750
Zum vorerst letzten Mal erscheint der Katalog der Frankfurter Buchmesse, den es seit 1564 regelmäßig gegeben hatte. Leipzig nimmt den Platz von Frankfurt als Zentrum des deutschen Buchhandels ein.

UM 1800
Gotthold Ephraim Lessing und Friedrich von Schiller zählen zu den Autoren des J. B. Metzler Verlags.

1924
Anlässlich seines 250-jährigen Bestehens veröffentlicht das Bankhaus Metzler die Publikation „Die Familie und das Bankhaus Metzler in Frankfurt am Main".

oben: Verlagshaus J. B. Metzler Verlag, 2005
links: Gotthold Ephraim Lessing (1729–1781)

1949
In Frankfurt findet in der Paulskirche die erste Buchmesse der Nachkriegszeit statt – mit 205 deutschen Ausstellern und circa 10.000 ausgestellten Titeln.

1978
Der letzte Band von „Paulys Realencyclopädie der classischen Altertumswissenschaft" erscheint im Verlag J. B. Metzler. Die Enzyklopädie ist das umfassendste Nachschlagewerk der Altertumswissenschaften.

1991
Der J. B. Metzler Verlag wird eine 100%ige Tochter der Verlagsgruppe Georg von Holtzbrinck.

oben: Galleria, Frankfurter Buchmesse 2006
rechts: Friedrich von Schiller (1759–1805)

Frankfurts berühmtester Sohn und die Metzlers

Frankfurts berühmtester Sohn und die Metzlers | Zwischen den Familien Goethe und Metzler bestand eine langjährige Freundschaft. Schon kurz nach seiner Ankunft aus Bordeaux in Frankfurt lernte Friedrich Metzler 1762 den gleichaltrigen Johann Wolfgang Goethe kennen. Beide hatten viele Gemeinsamkeiten, liebten die Natur und waren begeisterte Schlittschuhläufer. In der damals üblichen Kleidung „mit Pelzrock und rundem Kappenhut“ sah man die beiden in Begleitung „der Söhne der angesehensten Familien“ auf dem zugefrorenen Main und den Rödelheimer Wiesen. Goethe selbst sowie andere Teilnehmer dieses Spektakels wie Bettina von Brentano und Sophie von La Roche berichteten darüber.

„Friedrich der Große"_Seite 79

Johann Wolfgang von Goethe und Friedrich Metzler waren zeitlebens miteinander befreundet. Im Oktober 1814 besuchte der damals 65-jährige Goethe während seines Aufenthalts in der Gerbermühle den Bankier Friedrich Metzler in seinem Offenbacher Anwesen mit dem spektakulären Badetempel. Dort erinnerte er sich an seine Verlobte Lili Schönemann, mit der er an diesem Ort vierzig Jahre zuvor unvergessliche Stunden verbracht hatte, die er in „Dichtung und Wahrheit“ eindrucksvoll schilderte. In seinem Aufsatz „Kunstschätze

Das Marmorbad_Seite 169

1749
Johann Wolfgang Goethe wird in Frankfurt am Main als ältestes Kind von Johann Caspar und Catharina Elisabeth Goethe geboren. Die Familie lebt am Großen Hirschgraben.

1771
Sophie von La Roche veröffentlicht ihren Roman „Die Geschichte des Fräuleins von Sternheim".

1775
Goethe verfasst „Stella, ein Schauspiel für Liebende". Vorbild der Stella ist die Bankierstochter Anna Elisabeth Schönemann, genannt „Lili". Er verlobt sich mit ihr, löst die Verlobung aber bald wieder.

Metzler'scher Badetempel, Offenbach am Main

1798
Der Kommerzienrat Friedrich Metzler lässt auf seinem Anwesen in Offenbach einen repräsentativen Badetempel errichten.

1808
Der erste Teil des „Faust" erscheint.

1830
Goethe schreibt an seinen Vertrauten Friedrich Soret über Lili Schönemann: „Sie war die erste, die ich tief und wahrhaft liebte, und vielleicht war sie auch die letzte …"

oben: Der junge Goethe beim Schlittschuhlaufen; links: Anna Elisabeth „Lili" Schönemann (1758–1817)
rechts: Johann Wolfgang von Goethe (1749–1832)

an Rhein, Main und Neckar 1814 und 1815" empfiehlt er das Anwesen des Bankiers Friedrich Metzler in Offenbach. Über seinen Besuch berichtete Goethe: „Nach Tisch fuhren wir nach Offenbach, wo wir zuerst in dem Metzler'schen Garten eine Strelizia Regina mit vielen Blumen blühend fanden."

„Ich wäre ein Tor, mich fesseln zu lassen. Dieser Zustand erstickt all meine Kräfte, dieser Zustand raubt mir allen Mut der Seele; er engt mich ein! Was liegt nicht alles in mir? Was könnte sich nicht alles entwickeln? Ich muss fort in die freie Welt."

Fernando in „Stella"

Das Familienwappen mit Weintraube

Das Familienwappen mit Weintraube |

Die Familie Metzler führt seit mehr als 200 Jahren ein Familienwappen. Das Wappen zeigt eine blaue Weintraube an zweiblättrigem Stiel im goldenen Schild. Auf dem Helm sind zwei blau-goldene Flügel mit einem blauen Stern dazwischen.

Das Familienwappen erinnert an eine besondere Epoche in der Familiengeschichte: die Zeit in Bordeaux. Wann das Wappen verliehen wurde, bleibt im Dunkel der Geschichte verborgen. Erster Träger dieses Familienwappens war Kommerzienrat Friedrich Metzler, der in Bordeaux geboren wurde und dort seine Kindheit verbrachte. Bei der abgebildeten Traubenart handelt es sich also nicht um eine deutsche Riesling-, sondern um eine unter Weinkennern geschätzte Bordeaux-Traube.

Die Metzlers in Bordeaux_Seite 161

1734
Wilhelm Peter Metzler gründet in Bordeaux zusammen mit dem aus Lübeck stammenden Kaufmann Martin Zachau das Handelshaus „Zachau & Metzler".

1749
Friedrich Metzler wird in Bordeaux geboren. Er wird im Alter von 13 Jahren von seiner Tante Christina Barbara Metzler nach Frankfurt geholt.

Wappen der Familie von Metzler

Festina

Lente

Eile mit Weile

Festina Lente – Eile mit Weile | Das dem römischen Kaiser Augustus zugeschriebene lateinische Sprichwort heißt übersetzt „Eile mit Weile". In diesem zunächst eigenwillig wirkenden Spruch ist der Sinn verborgen, mit ruhiger Bedachtsamkeit und sorgfältiger Abwägung Pläne zu entwickeln und Entschlüsse zu fassen, um sie dann konsequent auszuführen. Heute spricht man von Nachhaltigkeit.

„Festina Lente" lautet auch der Wappenspruch der Familie von Metzler. Vielleicht erschließt sich hierin eines der Erfolgsrezepte einer Familie, die es geschafft hat, ein Unternehmen erfolgreich über elf Generationen und mehr als 330 Jahre durch sehr unterschiedliche, oft schwierige und turbulente Zeiten zu führen.

Das Familienwappen_Seite 131

27 v. Chr.

Caesars Großneffe Octavian erhält vom Senat den Titel „Augustus". Er regiert Rom bis zu seinem Tod im Jahre 14 n. Chr. und gilt als erster römischer Kaiser. Nach ihm benannt ist das „augusteische Zeitalter".

oben: Sprichwort an Hauserker, 2004
: Frankfurt am Main vom Westen, um 1700

Die Metzlers und das Bankhaus in der Napoleonischen Zeit

Die Metzlers und das Bankhaus in der Napoleonischen Zeit | Voller Genugtuung schrieb der Senator und Justizrat Dr. Johann Wilhelm Metzler nach der Völkerschlacht von Leipzig am 18. Oktober 1813 in seinem Tagebuch, „dass der Wüterich Napoleon kräftig besiegt [sei]“. Noch war zwar die Ära Napoleon nicht vollständig beendet, aber 21 Jahre nach dem Feldzug in der Champagne 1792 und dem Ausbruch des ersten Koalitionskrieges war das Ende des legendären Feldherren und Staatsmannes nahe.

Dr. Joh. Wilhelm Metzler_Seite 87

Das Bankhaus B. Metzler seel. Sohn & Co. entfaltete in dieser schweren Zeit „eine dem Allgemeinwohl der Stadt gewidmete Tätigkeit, galt es doch, die großen Gefahren und Bedrängnisse, welche der Stadt aus dem Kriege mit Frankreich erwuchsen, abzuwehren“, wie ein Chronist bemerkte. So reiste Friedrich Metzler, der seit 1771 die Bank leitete, im Jahre 1792 im Auftrag der Stadt mit seinem Vetter, dem Senator Dr. Johann Wilhelm Metzler nach Freiburg, um die Verhandlungen über den ungehinderten Schiffsverkehr auf dem Rhein zu führen. Für den Kredit und das Ansehen des Bankhauses und seiner Inhaber zeugen die Hilfsappelle, die der Rat der Stadt Frankfurt wiederholt an die Adresse des Hauses richtete.

„Friedrich der Große“_Seite 79

1789
Mit dem Sturm auf die Bastille beginnt am 14. Juli die Französische Revolution.

1792
Nach dem Sturm auf die Tuilerien wird Ludwig XVI. abgesetzt und in der Bastille eingekerkert. Im Jahr darauf sterben er und Königin Marie Antoinette unter der Guillotine.

1792
Das Bankhaus Metzler gibt erstmals eigene Obligationen heraus. Im selben Jahr wird Frankfurt von französischen Revolutionstruppen besetzt.

Napoleon Bonaparte (1769–1821)

Aufgrund ausgedehnter Geschäftsbeziehungen mit Frankreich verhielt sich die Stadt Frankfurt zunächst abwartend. Doch als die Stadt am 22. Oktober 1792 von französischen Revolutionstruppen unter General Custine besetzt wurde, gerieten auch sie und ihre Bewohner erstmals in die Turbulenzen der damaligen Zeit. Verbunden mit der Besetzung war die Verpflichtung zur Zahlung einer Kontribution, zu deren Aufbringung auch das Bankhaus Metzler beitrug. Friedrich Metzler wirkte hierbei „bereitwilligst" mit. Bereits Anfang Dezember 1792 befreiten hessisch-preußische Truppen Frankfurt wieder.

Im Jahre 1796 besetzten erneut französische Truppen unter General Jourdan die Stadt. Wieder wurde eine Kontribution auferlegt. Doch angesichts der enormen Summe von sechs Millionen Gulden versagte zunächst die Kraft der Banken. Friedrich Metzler schilderte die damalige Situation in einem Schreiben, wonach „der Handel völlig darnieder liege, die Schuldner zahlten nicht in bar, sondern in Staatspapieren, der Kaufmann sei in der größten Geldverlegenheit". Der Rat der Bürgerschaft wollte eine vierprozentige Anleihe aufnehmen und rief die Bankhäuser Gebr. Bethmann, B. Metzler seel. Sohn & Co., Chiron, Sarasin & Co., Gebr. Goll,

1792

In Frankfurt wird als letzter Kaiser des Heiligen Römischen Reichs Deutscher Nation Franz II. gewählt und demonstrativ am 14. Juli, dem Jahrestag des Sturms auf die Bastille, gekrönt.

Kaiserkrönung Franz II., 1792

Heyder & Co., Willemer und das damals noch junge Bankhaus Speyer zur Beratung. Es stellte sich aber heraus, dass alle Bankiers die Stadt wegen der Besetzung verlassen hatten. Immerhin konnte Friedrich Metzler gemeinsam mit seinem Vetter Dr. Johann Wilhelm Metzler und dem Bankhaus Willemer für die Stadt ein bei ihren Häusern hinterlegtes „preußisches Depositum“ von 624.000 Gulden vor den Franzosen retten. Sie brachten es in Sicherheit bei der fränkischen Hauptkriegskasse in Ansbach, damals eines der an das preußische Königshaus gefallenen brandenburgischen Fürstentümer. Im Bankhaus Metzler blieb allein ein Prokurist zurück, der dem Rat erklärte, dass er nur 11.000 Gulden auftreiben könne. Darauf schrieb der Rat an Friedrich Metzler und bat ihn, wegen einer fünfprozentigen Anleihe mit zwei Prozent Provision in Ansbach und Bayreuth sowie auch in Hamburg, Lübeck, Bremen und Nürnberg anzufragen. Der große Kredit, den das Bankhaus Metzler genieße, müsse den Erfolg sichern. Durch den Koalitionskrieg war Friedrich Metzler jedoch selbst in eine schlechte geschäftliche Ertragslage geraten und antwortete: „Nicht gewohnt, wenn Rettung des Vaterlandes es erfordert, mit unserem Scherflein zurückzubleiben, würden wir unseren ganzen Vorrat an

Dr. Joh. Wilhelm Metzler_Seite 87

Napoleon Bonaparte wollte „mit Blitz und Donner über Frankfurt herfahren“ – auch die Metzlers trugen dazu bei, dies zu verhindern.

Napoleon überquert die Alpen, 1800

barem Geld und Effekten gern überreichen, wenn nicht die Erhaltung unseres Kredits, unserer Ehre, wir, was uns übrig bleibt, nicht selbst notwendig, dies ist nicht einmal hinreichend, hätten." Letztendlich brachte ein kaiserlicher Erlass aus dem Jahr 1792, der jede Unterstützung des Reichsfeindes verbot, die Anleihe zum Scheitern, da sie nicht als Unterstützung Frankfurts, sondern der Franzosen angesehen wurde. Dies hinderte Friedrich Metzler aber nicht daran, sich weiterhin um eine Lösung zu bemühen.

Einem Mitglied der Familie Metzler gelang es dann 1796, eine erhebliche Ermäßigung der Kontribution zu erreichen. Wilhelm Peter Metzler, ein Bruder von Friedrich Metzler, war 1780 von Bordeaux nach Frankfurt gezogen und hatte im Löweneck eine Spezerei- und Farbengroßhandlung gegründet. Ausgestattet mit weit reichenden Kompetenzen verhandelte er mit großem Geschick und kluger Vorsicht im Auftrag des Rats mit dem französischen General Jourdan und überzeugte ihn von der Maßlosigkeit der Kontributionsforderungen. Den geringeren Betrag konnte die Stadt aufbringen, ohne eine Anleihe aufzunehmen. Wilhelm Peter Metzler übernahm im August 1796 auf Ersuchen der städtischen Kriegsdeputation die Besorgung der von der französischen

1794
In Frankreich endet nach der Hinrichtung von Robespierre das Regime der Jakobiner. Frankreich schafft in seinen Territorien die Sklaverei ab.

1798
Die Freiheitsideen der Französischen Revolution führen in Frankfurt zu Unruhen durch mehrere Zünfte.

Napoleon krönt Kaiserin Josephine, 1804

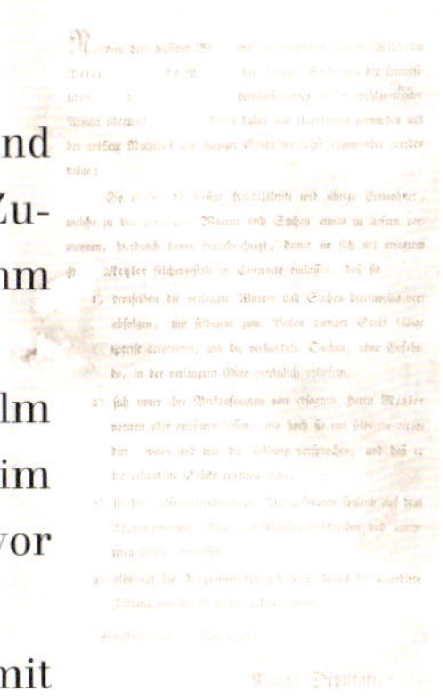

Generalität der Stadt Frankfurt auferlegten Proviant- und Fouragelieferungen. Die Stadt drückte ihm dafür die „Zufriedenheit über die in Gefolg sothane Auftrags von ihm geschehenen Ausrüstungen und Negociationen“ aus.

Im selben Jahr brachte Senator Dr. Johann Wilhelm Metzler wichtige städtische Archivalien und die beim Rechneiamt hinterlegten Urkunden der Anleihen vor den Franzosen nach Ansbach in Sicherheit.

Als Napoleon sich 23. September 1804 in Mainz mit Gesandten benachbarter deutscher Staaten traf, warf er den beiden Frankfurter Vertretern Adolph Carl von Humbracht und Dr. Johann Wilhelm Metzler vor, dass englische Wechsel in die Stadt kämen, die zu „Subsidien und Bestechungen“ verwandt würden. Die Einwände der beiden Abgesandten vom Tisch wischend fuhr er sie an, „mit Donner und Blitz wolle er über die Frankfurter herfahren, er werde sie durchkarbatschen lassen und die Stadt einem benachbarten Fürsten geben“. Dessen ungeachtet nahm Dr. Johann Wilhelm Metzler am 2. Dezember 1804 im Auftrag der Stadt Frankfurt in Paris an den Krönungsfeierlichkeiten für Kaiser Napoleon teil.

Am 18. Januar 1806 wurde Frankfurt erneut von französischen Truppen besetzt. Wegen der Handelsbe-

1799
Der General der Revolutionsarmee Napoleon Bonaparte ernennt sich selbst zum Konsul.

1804
Napoleon krönt sich selbst in Paris zum Kaiser der Franzosen.

1805
In Wien wird Beethovens 3. Sinfonie, die Eroica, uraufgeführt. Ursprünglich hatte der Komponist sie Napoleon gewidmet. Nach dessen Krönung radierte er die Widmung wieder aus.

oben: Protokoll der Naturallieferungen Frankfurts an die Franzosen, 1796
rechts: Kaiser Napoleon auf seinem Thron, 1806

ziehungen mit England erhoben die Besatzer ein Strafgeld von vier Millionen Gulden, und die Stadt verlor ihre Selbstständigkeit. Sie wurde am 6. September 1806 dem Fürstprimas des Rheinbundes Karl Theodor von Dalberg überwiesen, der sieben Jahre die Geschicke Frankfurts bestimmte. Seine erste Amtshandlung war der Erlass der noch ausstehenden Kontribution, die die Franzosen der Stadt auferlegt hatten. Er führte den auf Initiative Napoleons entwickelten Code Civil in Frankfurt 1811 ein. Dieses revolutionäre Gesetzbuch trennte Justiz und Verwaltung und sicherte auch den Juden volle Bürgerrechte zu. Erst 1900 wurde es im gesamten Deutschen Reich vom Bürgerlichen Gesetzbuch abgelöst. Karl Theodor von Dalberg ließ die Stadt in Quartiere einteilen und gründete 1808 eine Handelskammer nach französischem Vorbild, was Handel und Bankwesen begünstigte.

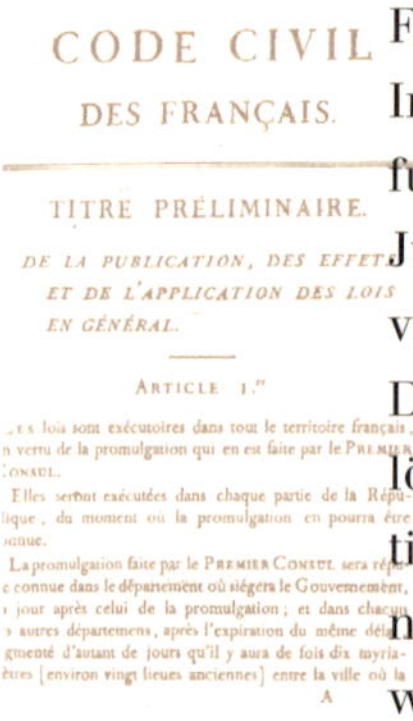
CODE CIVIL
DES FRANÇAIS.

TITRE PRÉLIMINAIRE.

DE LA PUBLICATION, DES EFFETS ET DE L'APPLICATION DES LOIS EN GÉNÉRAL.

ARTICLE 1.er

Les lois sont exécutoires dans tout le territoire français, en vertu de la promulgation qui en est faite par le PREMIER CONSUL.

Elles seront exécutées dans chaque partie de la République, du moment où la promulgation en pourra être connue.

La promulgation faite par le PREMIER CONSUL sera réputée connue dans le département où siégera le Gouvernement, un jour après celui de la promulgation; et dans chacun des autres départemens, après l'expiration du même délai augmenté d'autant de jours qu'il y aura de fois dix myriamètres [environ vingt lieues anciennes] entre la ville où la

A

Nach der Vernichtung der französischen Flotte vor Trafalgar im Jahr 1805 war das britische Inselreich für Napoleon unangreifbar geworden. Mit einem am 21. November 1806 in Berlin ausgestellten Dekret wurde eine Seeblockade gegen Großbritannien verhängt: Englische Schiffe und die transportierten Waren wurden beschlagnahmt. Da auch Frankfurt einen blühenden

1804
Der Code Civil wird erlassen. Er garantiert persönliche Freiheit, Rechtsgleichheit, privates Eigentum, Zivilehe und Ehescheidung.

1806
Kaiser Franz II. legt die Kaiserkrone des Heiligen Römischen Reichs Deutscher Nation nieder. In der Schlacht bei Jena und Auerstedt unterliegt Preußen den napoleonischen Truppen.

1806
Mit der Auflösung des Alten Reiches verliert Frankfurt seine Reichsunmittelbarkeit, es wird dem Fürstprimas des Rheinbundes unterstellt, unter dem es 1810 Großherzogtum wird.

oben: Code Civil des Français, 1804; Medaille des Rheinbundes, 1808
links: Karl Theodor von Dalberg (1744–1817); rechts: Verbrennung englischer Manufakturwaren, 1810

Handel mit Großbritannien betrieb, hatte diese Wirtschaftspolitik erhebliche Konsequenzen für die Stadt. Im Jahre 1810 verhängte Napoleon Sperrzölle von 40 bis 50 Prozent auf alle „Kolonialwaren“ des Inselstaates. Die Stadt selbst bezweifelte die Ernsthaftigkeit dieser Verordnungen. „Niemals war Frankfurt so angefüllt mit Kolonialwaren wie im jetzigen Augenblick“, meldete der preußische Gesandte nach Berlin. Französische Soldaten überprüften durch Hausdurchsuchungen die Einhaltung des Dekrets. Dabei kam es im November 1810 zu einer „Verbrennungskomödie“ auf der Pfingstweide, bei der allerdings nur „Schund und alte Ladenhüter“ verbrannten – das wertvolle Importgut war zuvor mithilfe von Schmiergeldern auf „sächsische und schweizerische“ Ware umdeklariert worden. Mehrere Frankfurter Privatbankiers beteiligten sich an der Umgehung der napoleonischen Kontinentalsperre und wurden dadurch sehr vermögend. Die Teilhaber des Bankhauses Metzler vermieden solche Geschäfte und verzichteten auf verlockende Erträge. Allerdings dürfte Metzler vom Streit zwischen den Bankhäusern Rothschild und Bethmann um den Umtausch der norddeutschen Taler- und süddeutschen Guldenwährung profitiert haben.

Nach der vernichtenden Völkerschlacht von Leipzig gab von Dalberg am 28. Oktober 1813 seine Herrschaft im Großherzogtum Frankfurt auf. Am 5. November 1813 zog Zar Alexander von Russland nach Frankfurt ein, am Tag darauf Kaiser Franz I. von Österreich; damit endete die Herrschaft der Franzosen über Frankfurt. Freiherr vom Stein setzte schließlich den Artikel 46 der Wiener Kongressakte vom 9. Juni 1815 durch: „La ville de Francfort, avec son territoire, tel qu'il se trouvait en 1803, est déclarée libre et fera partie de la Ligue Germanique" [Die Stadt Frankfurt mit ihrem Gebiet, so wie es 1803 vorgefunden wurde, wird zur freien Stadt erklärt und wird Teil des Deutschen Bundes]. Einen Monat später erhielt die Stadt ihre Souveränität zurück und war wieder Freie Stadt. Frankfurt wurde Sitz der Bundesversammlung und damit, wie schon in der vornapoleonischen Zeit, die „heimliche Hauptstadt" Deutschlands. Die Stadt war nach dem Erwerb von säkularisierten geistlichen Gütern nun besser gestellt als vorher. Allerdings sträubte sie sich gegen die Zulassung größerer Industriebetriebe und ließ die restriktiven Zunftschranken bestehen. Sie lebte weiter vom Handel. So berichtete Anton Kirchner 1818 in seinen „Ansichten von Frankfurt am Main und seiner Umgebung": „Alles handelt, Hei-

1812

Napoleon beginnt seinen Russlandfeldzug.

1813

In der Völkerschlacht bei Leipzig besiegen die Verbündeten Russland, Preußen und Österreich das Heer Napoleons. Im darauf folgenden Jahr dankt Napoleon zum ersten Mal ab.

oben: Urkunde der Abdankung Napoleons, 1814
links: Napoleon nimmt Abschied von seinen Truppen in Fontainebleau, 1814

mische und Fremde, Große und Kleine, Christen und Juden in bunter Menge durcheinander – alles handelt, und der kleinste Vorteil darf sich nur blicken lassen, so strecken Tausende die Hände aus, ihn zu ergreifen."

Napoleon Bonaparte, der als einer der fähigsten militärischen Führer aller Zeiten gilt, gelang es in kurzer Zeit, fast ganz Europa unter seine Kontrolle zu bringen. Seine Ziele verfolgte er rücksichtslos und brachte dabei viel Not und Elend über ganz Europa. In dieser Zeit trugen Mitglieder der Familie Metzler mit ihrem Einfluss dazu bei, die Auswirkungen für ihre Vaterstadt so erträglich wie möglich zu gestalten.

Napoleon am Hessendenkmal in Frankfurt, 1806

Stadtkarte von Frankfurt am Main, 1628

Orte

Woher die Gallusstraße ihren Namen hat

Woher die Gallusstraße ihren Namen hat | Als Johann Friedrich Metzler im Jahre 1826 das um 1810 errichtete klassizistische Wohn- und Geschäftshaus mit der heutigen Adresse Große Gallusstraße 18 erwarb und den Geschäftssitz des Bankhauses dorthin verlegte, führte das Anwesen noch die Adresse „Große Gallengasse 18".

Nur drei Umzüge_Seite 151

Die Große Gallusstraße verbindet das westliche Ende des Rossmarktes mit dem Taunustor und der Neuen Mainzer Straße. Die Gasse wird bereits im 14. Jahrhundert erwähnt und war zunächst eine unbebaute Landstraße mit Schindgruben und Gärten. Ursprünglich hieß diese Straße „Galgengasse", da sie zu dem vor der Stadt in der Nähe des heutigen Hauptbahnhofs gelegenen Galgen führte.

Das auf der Nordseite der Großen Gallusstraße gelegene Metzler'sche Anwesen lag in unmittelbarer Nachbarschaft des um 1362 erbauten und 1808/09 abgebrochenen Galgentores. Das Galgentor war Teil der Frankfurter Stadtbefestigung von 1333 und galt als das schönste der fünf großen Stadttore. Durch die Große Galgengasse und durch das Galgentor wurden die Delinquenten zum Galgen auf dem Galgenfeld geführt, auf dem die Hinrichtungen stattfanden. Heute liegen hier

UM 1350

Frankfurt ist das Zentrum vor allem des Tuchhandels. Mehr als 300 Händler bieten jedes Jahr um den Römer herum ihre Waren an.

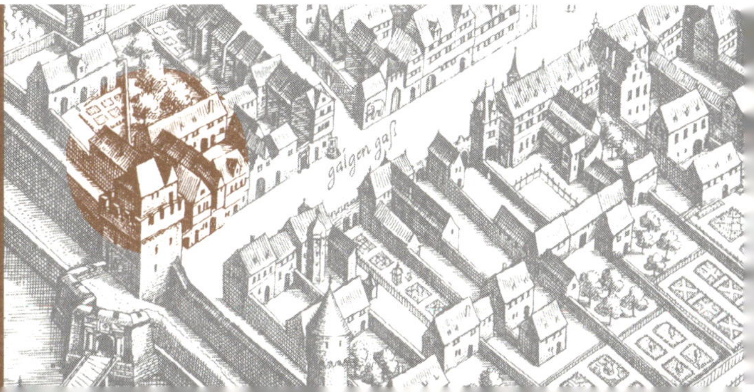

Stadtplan, 1628,
Ausschnitt Galgengasse 18

die Stadtteile Bahnhofs- und Gallusviertel. Zudem war das Galgentor das Eingangstor für die Mächtigen des Heiligen Römischen Reichs Deutscher Nation. Nach Abriss des Tores und der Wallanlage wurde westlich der Neuen Mainzer Straße in der Taunusanlage, in unmittelbarer Nachbarschaft des Bankhauses, eine Polizeiwache errichtet, die der Hauptwache ähnelte und den Namen Taunustor erhielt.

Der erste Plan von Matthäus Merian d. Ä. von 1628 zeigt auf dem Gelände des späteren Metzler'schen Hauses eine Hofanlage mit Garten. Im 19. Jahrhundert und der ersten Hälfte des 20. Jahrhunderts lagen auf der Nordseite der Großen Gallusstraße große Patriziersitze.

Um 1750 wurde auf Wunsch der Anwohner aus der „Galgengasse" die „Gallusgasse", die schließlich in „Gallusstraße" umbenannt. Die sprachliche Veränderung führte wohl zur irrigen Annahme, der Straßenname deute hin auf das lateinische Wort „gallus", den Hahn. Einer anderen Deutung zufolge leitet sich der Name her von dem Heiligen Gallus, dem in der Nähe eine Kirche geweiht war.

Der Galgen wurde 1806 beseitigt, und mit ihm verschwand auch in der Sprache die Erinnerung an einen schaurigen Ort.

UM 1750
Die „Galgengasse" wird in „Gallusgasse" umbenannt.

Abriss der Frankfurter Wallanlagen, 1805

1783
Die Brunnengemeinde der Gallusgasse ersetzt den alten Ziehbrunnen durch einen neuen Brunnen mit Pumpe. Die Brunnensäule wird mit einer Statue des St. Gallus geschmückt.

AB 1806
Der Stadtgärtner Sebastian Rinz gestaltet die Wallanlagen, öffentliche Grünanlagen, die an der Stelle der früheren Stadtbefestigung angelegt werden.

1808/09
Das Galgentor wird abgebrochen.

oben: Galgentor, um 1780
rechts: Große Gallusstraße, 1932

Nur drei Umzüge in 333 Jahren

Die vier Geschäftssitze des Bankhauses

Nur drei Umzüge in 333 Jahren | Das Bankhaus Metzler war im Laufe seiner Geschichte in Frankfurt am Main an vier Geschäftssitzen ansässig, zunächst in unmittelbarer Nähe von Dom und Römer. Als die Stadt wuchs, zog auch Metzler aus der immer enger werdenden Altstadt hinaus in neue repräsentative Stadtteile. Heute ist die ehemalige Vorstadt längst Teil der Frankfurter Innenstadt. So spiegelt sich in der Abfolge der Geschäftssitze des Bankhauses auch ein Stück Frankfurter Stadtgeschichte und Stadtentwicklung wider.

Geißgasse/Kornblumengasse | Der Unternehmensgründer Benjamin Metzler erwarb 1674 „eine Behausung“ in der Geißgasse neben dem Gebäude mit dem Hausnamen „Kornblume“. Das Geißgässchen, seit dem Ende des 17. Jahrhunderts nach dem Haus „Zur Kornblume“ Kornblumengasse genannt, mündete in die Schnurgasse. Das Haus besaß zwei Stockwerke, einen Keller und sieben Zimmer. Im Erdgeschoss befanden sich das Warenlager, ein breiter Flur und das „Kanthor“, das Büro des Handelsmannes. Die übrigen sechs Zimmer dienten vorwiegend der Familie als Wohnräume. Im Haus gab es neben den Kinderwiegen zwölf Betten. Der Ausziehtisch im Esszimmer bot Platz für zwölf Stühle.

Benjamin Metzler_Seite 67

1674

Benjamin Metzler erwirbt ein zweistöckiges Wohn- und Geschäftshaus in der Geißgasse.

Stadtplan, 1628
Ausschnitt Geißgasse/Kornblumengasse

Bis 1707 betrieb das Unternehmen in diesem Gebäude seine Geschäfte. Beim so genannten „großen Christenbrand" im Jahre 1719 wurden auch die Häuser in der Geißgasse ein Opfer der Flammen. Das Anwesen scheint damals noch im Besitz der Familie Metzler gewesen zu sein. Das gesamte Quartier um die Kornblumengasse wurde bei den Luftangriffen 1944 zerstört. Später wurde das Areal neu gegliedert und dort die neue Kleinmarkthalle errichtet.

Kälbergasse | Johann Jeremias Metzler, der älteste Sohn des Firmengründers, erwarb am 29. April 1707 das Haus „Zum vorderen neuen Löweneck" in der Kälbergasse vom Handelsmann J. Georg Henrici und verlagerte den Geschäftssitz dorthin. Die Kälbergasse lag westlich hinter dem Römer zwischen Kaltelochgasse und Wedelsgasse. Die Häuser „Zum alten Löweneck" und „Zum neuen Löweneck" wurden kurz nach dem Dreißigjährigen Krieg errichtet. Das von Johann Jeremias Metzler erworbene Anwesen lag an der Westseite der Kälbergasse und grenzte an die Häuser „Zum Goldstein" in der Römergasse. Seinen Namen erhielt das große und sehr stattliche Gebäude durch steinerne Löwenfiguren an beiden Hausecken. Der gesamte Gebäudekomplex,

1707
Johann Jeremias Metzler erwirbt ein stattliches Gebäude in der Kälbergasse.

Stadtplan, 1628, Ausschnitt Kälbergasse
Haus „Zum Löweneck"

damals einer der größten der Stadt, wurde mehrfach umgebaut.

Der Kommerzienrat Friedrich Metzler und seine Ehefrau Susanne, eine geborene Fingerlin, verkauften 1782 das Haus „Zum Löweneck" an das Handelsgeschäft Metzler, Fingerlin & Volz, das es wiederum 1795 an den Oberpostmeister Simon Rüppell veräußerte. Die Kälbergasse mitsamt allen Gebäuden verschwand beim Bau des neuen Rathauses am Römer in den Jahren 1900 bis 1908.

„Friedrich der Große"_Seite 79

Am Rossmarkt/Am Salzhaus 3 | Im Jahre 1784 erwarb Friedrich Metzler ein Anwesen ohne Hausnamen und ohne Hausnummer auf der südlichen Seite der Verbindungsstraße zwischen dem Rossmarkt und dem Großen Hirschgraben, die zu dieser Zeit noch zum Rossmarkt gezählt wurde, später aber die Bezeichnung „Am Salzhaus" erhielt. Das Gebäude besaß einen großen profilierten Torbogen auf der linken Fassadenseite. Bei der Umbenennung erhielt das Haus die Bezeichnung „Am Salzhaus 3". Das Bankhaus unterhielt dort seinen Geschäftssitz bis ins Jahr 1826.

Das Gebäude beherbergte später die Rosen-Apotheke, die nach der Zerstörung 1944 ihr Geschäft zu-

1784
Friedrich Metzler erwirbt das Haus mit der späteren Bezeichnung „Am Salzhaus 3" und verlegt den Geschäftssitz dorthin.

1795–1808
Goethes Mutter Catharina Elisabeth lebt im „Haus zum Goldenen Brunnen" am Rossmarkt mit der, wie sie schreibt, „ohne Zweifel besten Aussicht von ganz Frankfurt".

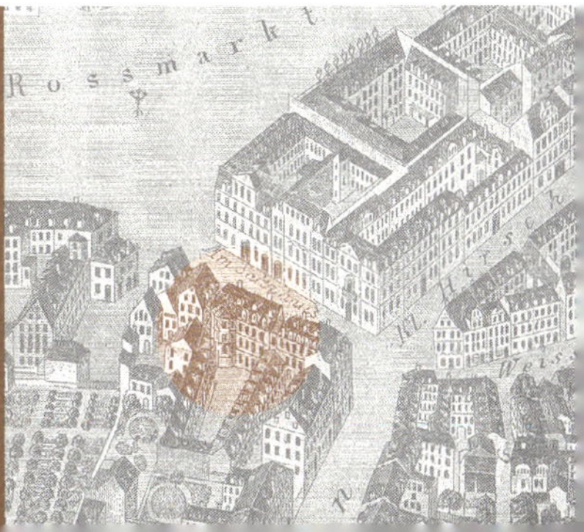

oben: Am Rossmarkt/Am Salzhaus 3, um 1860
rechts: Stadtplan, um 1830, Ausschnitt „Am Salzhaus 3"

nächst im Keller fortführte. Später bezog sie den Nachfolgebau, in dem sie heute noch ihren Sitz hat.

Seite 147_Große Gallusstraße

Große Gallusstraße 18 | Die Große Gallusstraße war ursprünglich eine unbebaute Landstraße, die bereits im 14. Jahrhundert erwähnt wurde. Der älteste erhaltene Stadtplan von Matthäus Merian aus dem Jahr 1628 zeigt auf dem Gelände des späteren Anwesens Nr. 18 eine Hofanlage mit Garten. Nach dem Abriss des ursprünglich ganz in der Nähe gelegenen Galgentores im Jahre 1808 kam es zu einer Neubebauung des Areals. 1849 wurde in der Nachbarschaft das „Taunustor" errichtet, ein Haus für Wachleute.

Das ursprünglich im klassizistischen Stil gestaltete Gebäude in der Großen Gallusstraße Nr. 18 wurde – wie auch das Nachbargebäude Nr. 16 – um 1810 vom Frankfurter Architekten und Bauinspektor Philipp Jakob Hoffmann (1778–1834) errichtet. Erster Eigentümer des Anwesens Nr. 18 war der Ratsherr Johann Conrad Beyerbach. Bereits 1816 überschrieb er den Besitz auf seinen Schwiegersohn Johann Mathäus Aubin. Im Jahre 1826 erwarb Johann Friedrich Metzler, der älteste Sohn des Kommerzienrates Friedrich Metzler, das Anwesen von Aubins Witwe und verlegte noch im selben Jahr den

Neue Mainzer Straße 42–44/Große Gallusstraße 18, 1849

1805
Auf Beschluss des Rats wird in Frankfurt mit der Schleifung der Befestigungen begonnen. Die Wallanlagen werden in einen Park umgewandelt. Dadurch wird die Stadtentwicklung in neue Bahnen gelenkt.

1826
Johann Friedrich Metzler erwirbt das Anwesen in der Großen Gallusstraße 18 und verlegt den Stammsitz des Bankhauses dorthin.

1839
Mit dem Taunusbahnhof wird der erste Frankfurter Bahnhof eröffnet. Die Taunusbahn verbindet Frankfurt mit Wiesbaden.

1879
Die Börse bezieht ihr neues Domizil am Börsenplatz. Frankfurt hat eine Führungsrolle als zentraler Banken- und Börsenplatz.

oben: Kutschfahrt im Winter, Große Gallusstraße, Ende 19. Jh.
rechts: Senator Johann Friedrich Metzler (1780–1864)

Stammsitz des Bankhauses dorthin. Im Nachbargebäude Nr. 16 hatte das Bankhaus Grunelius seinen Sitz. Die Ansiedlung vieler Bankhäuser ließ die Neue Mainzer Straße im Laufe des 19. Jahrhunderts zur vornehmen „Frankfurter Lombardstreet“ werden.

Seite 33_Die Mitarbeiter

Trotz mehrerer Umbauten blieb das Anwesen fast 120 Jahre weitgehend unverändert. Durch einen großen Rundbogen gelangte man von der Großen Gallusstraße 18 in den Innenhof. Die Durchfahrt war groß genug, um mit Pferdekutschen hindurchzufahren. Auf beiden Seiten waren hölzerne Tore angebracht. Im hinteren Teil des Anwesens befand sich auf der Seite zur Neuen Mainzer Straße ein lang gestrecktes Gebäude, das die Hausmeisterwohnung, ein Speisezimmer mit Klavier, das Archiv und die Waschküche beherbergte. Es gab zwei Eingänge in das Gebäude: In der Toreinfahrt rechts gelangte man in den Schalterraum mit der Kasse sowie zum großen Treppenhaus. Nach links ging es in die Büroräume entlang der Neuen Mainzer Straße. Im ersten Obergeschoss befand sich der große Sitzungssaal. Gegenüber der Effekten- und Wechselabteilung lag der repräsentative „Blaue Salon“. In den oberen Etagen befanden sich Wohnungen.

Durch Bombenangriffe wurde das gesamte Anwesen am 18. März 1944 nahezu vollständig zerstört. Lediglich

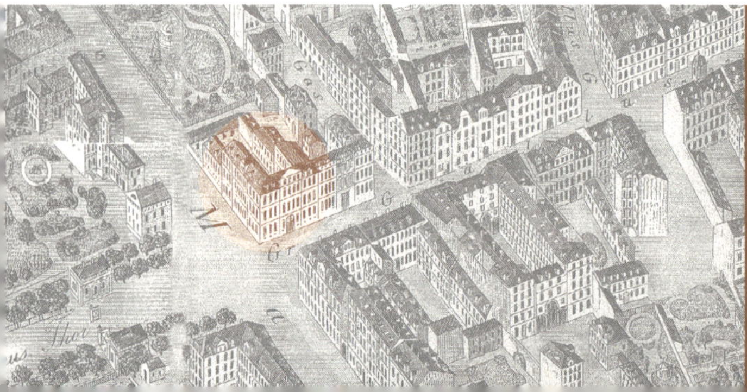

1888

Die drei Frankfurter Westbahnhöfe werden durch den neuen „Centralbahnhof“ ersetzt. Auf dem frei werdenden Gelände entsteht das heutige Bahnhofsviertel.

links: Stadtplan, um 1830, Ausschnitt Große Gallusstraße 18

ein Teil der Außenmauern und verkohlte Holzbalken ragten noch aus den bis zu fünf Meter hohen qualmenden Schuttbergen. Nur die in den Tresorräumen im Keller und hinter dem Kassenschalter im Erdgeschoss eingelagerten Wertpapiere, Akten, Schreib- und Rechenmaschinen hatten die Zerstörung weitgehend unbeschadet überstanden. Zunächst verlagerte man den Geschäftsbetrieb in das befreundete Bankhaus Cüppers & Co. in der Taunusanlage 15 neben dem Löwenstein'schen Palais – heute stehen an dieser Stelle die Zwillingstürme der Deutschen Bank. Den Mitarbeitern des Bankhauses wurde dort ein Teil der Schalterhalle sowie das Casino als Notquartier überlassen. Einen Teil der Akten hatte man bereits vor der Zerstörung dorthin ausgelagert. Als amerikanische Truppen 1945 das Bankhaus Cüppers & Co. besetzten, forderten sie auch die Herausgabe aller Büromaschinen, insbesondere der Schreibmaschinen. Einigen Metzler-Mitarbeitern gelang es jedoch, unbemerkt an den Besatzern vorbei ihre Schreibmaschinen in Sicherheit zu bringen, die später wertvolle Hilfsmittel waren.

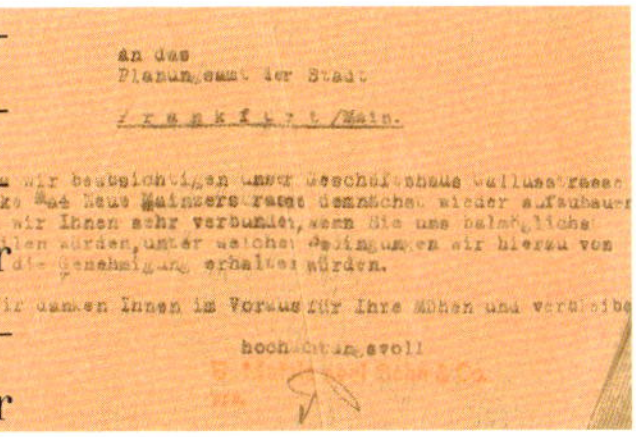
An das
Planungsamt der Stadt
Frankfurt/Main.

wir beabsichtigen unser Geschäftshaus Gallusstrasse Ecke Neue Mainzerstrasse demnächst wieder aufzubauen ... wir Ihnen sehr verbunden, wenn Sie uns baldmöglichst ... würden, unter welchen Bedingungen wir hierzu von ... die Genehmigung erhalten würden.

Wir danken Ihnen im Voraus für Ihre Mühen und verbleibe...

hochachtungsvoll

Vom alten Bankgebäude in der Großen Gallusstraße 18 war das zur Neuen Mainzer Straße hin gelegene Nebengebäude noch am wenigsten zerstört. Mit noch

1943/44
Die Frankfurter Innenstadt wird durch Bombenangriffe stark zerstört.

1945
Im September wird die Frankfurter Wertpapierbörse als erste deutsche Börse wiedereröffnet.

oben links: Frankfurter Hauptbahnhof, um 1890
oben: Anfrage für Wiederaufbau des Bankgebäudes, 1948

Große Gallusstraße 18, vor 1940

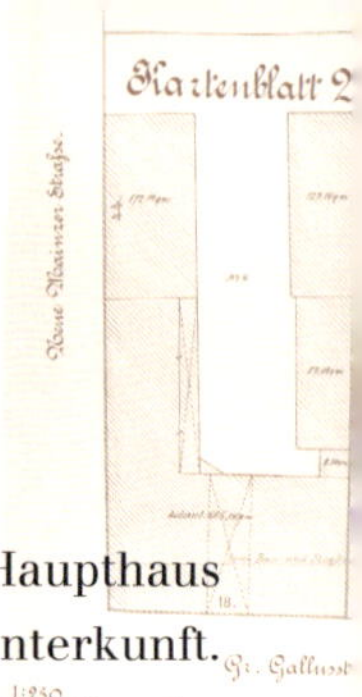

brauchbarem Bauschutt aus dem zerstörten Haupthaus errichtete man dort ab Januar 1945 eine Notunterkunft. Mit der Besetzung des Bankhauses Cüppers & Co. im März 1945 mussten die dortigen Behelfsräume geräumt werden. Der Geschäftsbetrieb wurde vollständig in die Notunterkunft im Hinterhaus der Großen Gallusstraße verlegt. Ab Sommer 1947 wurden die Trümmer des ehemaligen Haupthauses sowie der Nebengebäude beseitigt und über dem noch intakten Tresorraum ein einfaches Behelfsgebäude mit Flachdach errichtet, das auch die Kellerräume gegen eindringendes Wasser schützte.

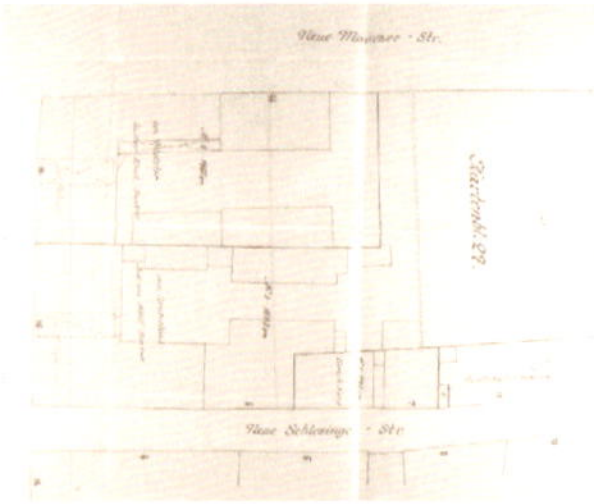

Die finanzielle Voraussetzung für den Wiederaufbau lieferte der Verkauf des ebenfalls im Krieg weitgehend zerstörten privaten Anwesens am Schaumainkai 61 durch die Geschwister Albert und Bettina von Metzler. Vom Grundstück Große Gallusstraße mussten die Eigentümer vor Errichtung eines Neubaus Teilflächen zur Verbreiterung der Großen Gallusstraße und zur Errichtung der Neuen Schlesinger Gasse abtreten. Der Neubau des Bankhauses begann 1950 in Etappen und fand 1954 seinen Abschluss. Der Entwurf des Neubaus stammte vom Frankfurter Architekten Udo von Schauroth und entsprach einem L mit dem Langflügel zur Neuen Mainzer Straße. Ein Teil des Geschäftshauses wurde

1996
Der Commerzbank-Tower wird in unmittelbarer Nähe des Bankhauses Metzler errichtet. Mit 259 m ist es das höchste Hochhaus Frankfurts.

2006
Unter dem Rossmarkt wird eine Tiefgarage gebaut; der Platz wird neu gestaltet.

oben: Lagepläne des Bankhauses, vor 1944
links: Eingang; rechts: Foyer Bankhaus Metzler, 2006

vermietet. Zur Großen Gallusstraße hin gab es mehrere Ladengeschäfte. Das neue Gebäude erhielt die Doppelanschrift Große Gallusstraße 18/Neue Mainzer Straße 40–42. Albert von Metzler zog mit seiner Familie in die oberste Etage.

Nach mehreren Umbauten war Anfang der 1980er-Jahre eine komplette Erneuerung der Räume und insbesondere der technischen Ausstattung des Gebäudes notwendig geworden. So wurde in den Jahren 1985–1987 das Gebäude in der Großen Gallusstraße 18 bei laufendem Geschäftsbetrieb von Grund auf saniert, ein weiterer Tresorraum sowie ein Casino im Keller gebaut und das gesamte Gebäude klimatisiert. In der „Belle Etage" im ersten Stock liegen seitdem die Besprechungsräume. Der modern, hell und freundlich gestaltete Eingang wurde in der vorher offenen Ecke Große Gallusstraße/Neue Mainzer Straße untergebracht.

Die Metzlers in Bordeaux

Ein Stützpunkt an einem wichtigen Handelsplatz

Die Metzlers in Bordeaux – ein Stützpunkt an einem wichtigen Handelsplatz

| Bereits zu Anfang des 18. Jahrhunderts unterhielt das Metzler'sche Handelshaus weit reichende Geschäftsbeziehungen zu den bedeutendsten Handelsplätzen Europas. Sicherlich fasste die Frankfurter Familie aufgrund der internationalen Beziehungen und Erfahrungen den Beschluss, die direkte geschäftliche Expansion nach Frankreich zu wagen und einen zweiten Geschäftssitz zu gründen.

Wilhelm Peter Metzler, einem Enkel des Firmengründers, fiel die Aufgabe zu, nach Bordeaux auszuwandern und dort 1734 im Alter von 23 Jahren ein Handelshaus zu gründen. Gemeinsam mit dem in Bordeaux lebenden Lübecker Kaufmann Martin Zachau gründete er das Handelshaus „Zachau & Metzler", das bis 1741 bestand. Die Niederlassung in Bordeaux wird wohl zu Recht als „Wende in der Firmenpolitik" angesehen. Bei den Handelsgeschäften zwischen Frankfurt und Bordeaux besaß der Wein-, Farben- und Spezereihandel eine herausragende Bedeutung, neben dem Kommissions- und Speditionsgeschäft, das auch in Bordeaux den Schwerpunkt der Handelsaktivitäten bildete. Als Kommissionäre handelten Zachau & Metzler mit Wein, Kolonialwaren wie Zucker, Kaffee, Indigo, Holz, mit

Christina Barbara Metzler_Seite 73

1734
Voltaires „Lettres philosophiques" erscheinen in London und Paris. Das Buch wurde aufgrund seiner Kritik an den Missständen verboten.

1738
Johann Jeremias Metzler bezeichnet sich erstmals als „merchand banquier", also als Kaufmann, der außer mit Waren auch mit Wechseln handelt.

1770
Der britische Seefahrer James Cook entdeckt Australien.

Wilhelm Peter Metzler (1711–1762)

Pflaumen, Sirup und vielem anderen. Der Handel verlief schon nach wenigen Jahren so erfolgreich, dass Wilhelm Peter seinen Bruder Johann Albrecht im Jahre 1735 aufforderte, ihm bei den Geschäften behilflich zu sein, was dieser drei Jahre lang tat. 1738 heiratete Wilhelm Peter Metzler in Bordeaux Marie Pauline Boyer, die Tochter des einflussreichen Bordelaiser Kaufmanns und Reeders Jean Jacques Boyer. Die Boyers waren verwandt mit vielen angesehenen Bordelaiser Kaufmannsfamilien. 1777 wird das von Wilhelm Peter Metzlers ältestem Sohn Jeremias Benjamin geführte Handelshaus „Metzler, Zimmermann & Cie" an zweiter Stelle der bedeutendsten „deutschen" Handelshäuser in Bordeaux aufgeführt.

Wie für alle anderen Kommissionswaren-Handelshäuser brachten die Revolutionsjahre tief greifende Veränderungen im Warenhandel mit sich. Da auch der Kolonialhandel seit etwa 1793 weitgehend darniederlag, sah sich auch das Metzler'sche Unternehmen gezwungen, sich mehr und mehr auf den Weinhandel zu beschränken. Die Kriegsereignisse unterbrachen zeitweise sogar die intensiven Geschäftsbeziehungen zwischen den Metzler'schen Unternehmen in Bordeaux und Frankfurt.

1774
In Frankreich gelangt nach dem Tod seines Großvaters Ludwig XVI. auf den Thron.

1789
Mit dem Sturm auf die Bastille beginnt am 14. Juli die Französische Revolution.

1792
Nach dem Sturm auf die Tuilerien wird Ludwig XVI. abgesetzt und in der Bastille eingekerkert. Im Jahr darauf sterben er und Königin Marie Antoinette unter der Guillotine.

oben: HMS Endeavour von James Cook, um 1770
links: Ludwig XVI., König von Frankreich (1754–1793)

Aufgrund der engen Verbindung zwischen den beiden Häusern wurden oft neben dem Waren- und Speditionsgeschäft auch die Zahlungen der mit Bordeaux in Handelsbeziehung stehenden deutschen Firmen über das Frankfurter Unternehmen abgewickelt, wodurch Zahlungsverkehr, Kredit- und Wechselgeschäft zusätzliche Bedeutung bekamen. Ab 1802 wurde das Handelshaus in Bordeaux unter der Bezeichnung „J. B. Metzler & Cie." geführt und um 1808 aufgelöst.

1799
Der General der Revolutionsarmee Napoleon Bonaparte ernennt sich selbst zum Konsul.

1804–1806
Napoleon krönt sich selbst zum Kaiser der Franzosen. Zwei Jahre später unterliegt das preußische Heer in der Schlacht bei Jena und Auerstedt den Truppen Napoleons.

oben: Napoleon in Cherbourg, 1811
rechts: Hafen von Bordeaux mit Garonne-Mündung, um 1850

Das

Haus

Metzler

in Bonames

Das Haus Metzler in Bonames | Ein beliebtes Motiv in Publikationen über das Bankhaus und die Familie von Metzler ist ein Gemälde des Metzler'schen Landhauses in Bonames von Carl Morgenstern aus dem Jahre 1865. Die Ursprünge dieses geschichtsträchtigen Gebäudes reichen zurück ins frühe Mittelalter, als an diesem Ort ein fränkischer Saalhof stand, der später kaiserliches Rittergut wurde, dann Privatbesitz. Seit dem 16. Jahrhundert stand hier ein mehrstöckiges herrschaftliches Haus mit Treppengiebeln. In ihm soll im Dreißigjährigen Krieg der schwedische König Gustav Adolf logiert haben.

Johannes Schmidt (1779–1853) ein bedeutender Frankfurter Händler, der durch den Handel mit Tee, Kaffee und ostindischen Seidenwaren reich geworden war, erwarb 1807 das Anwesen und betrieb es zunächst als Hofgut. 1827 ließ er das aus dem Jahre 1770 stammende Herrenhaus aufstocken und nach den Plänen des renommierten Baumeisters Rudolph Burnitz das heutige klassizistische Palais errichten. In das Ensemble wurde der untere Teil des benachbarten Junkerturms einbezogen, einem Rest der Bonameser Befestigungsmauer von 1413. Der große Gewölbekeller, der älteste Teil des Gebäudes, stammt noch aus der Zeit des Saal-

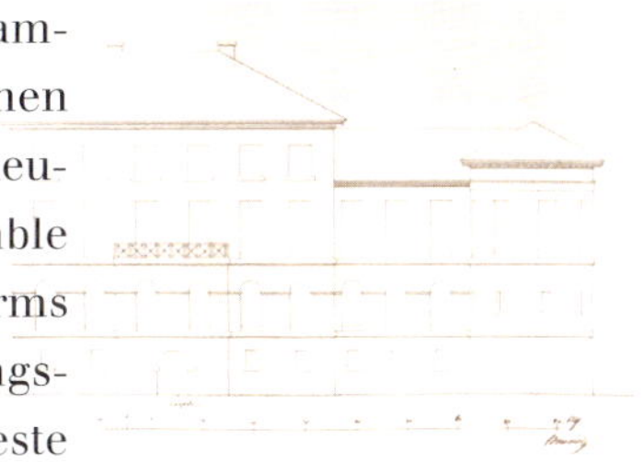

1030
Bonames wird erstmals urkundlich erwähnt. Der Name leitet sich wahrscheinlich ab von lateinisch „bona mansio" (gute Herberge).

1412
Mit der Walkmühle zieht die gewerbliche Wirtschaft in Bonames ein; andere Betriebe folgen, die die Wasserkraft der Nidda ausnutzen. Der Ort an der Handelsstraße Frankfurt-Friedberg gelangt dadurch zu einigem Wohlstand.

1413
Bonames wird durch eine Ringmauer mit 13 Türmen, zwei Toren und Gräben als nördliches Bollwerk des Frankfurter Territoriums gegen die Taunusritter befestigt.

oben: Haus Bonames, Plan von Rudolph Burnitz, ca. 1826, rechts: Hugo von Metzler (1862–1955)

hofs. Den auf 16 Morgen vergrößerten Park gestaltete der bekannte Frankfurter Stadtgärtner Sebastian Rinz, der auch Kastanien aus Frankreich pflanzen ließ. Sie zählen heute zu den ältesten im Raum Frankfurt. Die Einweihungsfeier soll am 16. August 1827 stattgefunden haben.

Nächster Eigentümer war Johann Friedrich Schmidt, ein Sohn des Teehändlers Johannes Schmidt. Durch die Heirat seiner Tochter und Erbin Maria Elisabeth Friederike Schmidt (1838–1916) mit dem Bankier Jakob Gustav Metzler (1833–1883) kam das Anwesen in Bonames 1903 in den Besitz der Familie Metzler. Das Landhaus diente bis Anfang des 20. Jahrhunderts ausschließlich als Sommersitz. Dorthin zog sich auch ihr Sohn Hugo von Metzler (1862–1955) mit seiner Familie aus dem oft schwülen Frankfurt zurück. In den Dreißigerjahren des letzten Jahrhunderts wurde das Haus verpachtet und im Erdgeschoss das Restaurant-Café „Lido“ eingerichtet. Wegen des Bombardements und der Zerstörungen in der Stadt Frankfurt bewohnten gegen Ende des Zweiten Weltkrieges zunächst Hugo von Metzler und später Dr. Gustav von Metzler mit ihren Familien wieder das Gebäude, das heute noch von Renate von Metzler, der Ehefrau des verstorbenen Christoph von Metzler, liebevoll betreut wird.

1631–1635
In Frankfurt nehmen schwedische Truppen unter dem Kommando von König Gustav Adolph Quartier. Die Stadt selbst bewahrt sich im Dreißigjährigen Krieg ihre Neutralität.

1806
Frankfurt wird von französischen Truppen besetzt. Mit der Stiftung des Rheinbundes verliert die Stadt ihre Selbstständigkeit und wird den Staaten des Fürstprimas Karl Theodor von Dalberg einverleibt.

oben: Haus Bonames, Innenansichten
links: Plan von Rudolph Burnitz, ca. 1826

Das prächtige Palais, im Volksmund als „Schloss“ bezeichnet, ist seit den 1994 abgeschlossenen umfassenden Sanierungsarbeiten ein repräsentativer Treffpunkt einflussreicher Persönlichkeiten aus Wirtschaft, Politik und Kultur. Für das Bankhaus Metzler ist das Kleinod Frankfurter Baukultur ein beliebter Veranstaltungs- und Schulungsort.

1834
Die Reste der Bonameser Burg werden auf Abbruch versteigert.

1857
Jakob Gustav Metzler (1833–1883) tritt in die Geschäftsleitung des Bankhauses Metzler ein. 1859 heiratet er Maria Elisabeth Friederike Schmidt.

1928
Elf nördliche Vororte, darunter Bonames, werden nach Frankfurt eingemeindet.

oben: Das Haus Bonames, 1865
rechts: Renate von Metzler

Das Marmorbad des Geheimrats

Der Metzler'sche Badetempel in Offenbach

Das Marmorbad des Geheimrats – der Metzler'sche Badetempel in Offenbach | Ein ganz besonderes Stück Metzler-Geschichte und zugleich ein herausragendes Baudenkmal steht in Offenbach: ein Garten- und Badehaus, das als Badetempel bezeichnet und im Volksmund fälschlicherweise auch „Lili-Tempel" genannt wird.

Goethe und die Metzlers_Seite 127

Im Jahre 1792 erwarb der Bankier Friedrich Metzler in Offenbach vom Schnupftabakfabrikanten Johann Nikolaus Bernard ein elegantes Wohnhaus mit Garten. Nach englischem Vorbild ließ er den Garten in einen kunstvollen kleinen Landschaftspark umgestalten. 1798 beauftragte er den französischen Architekten Nicolas Alexandre Salins de Montfort, direkt am Mainufer einen klassizistischen Tempel zu errichten.

„Friedrich der Große"_Seite 79

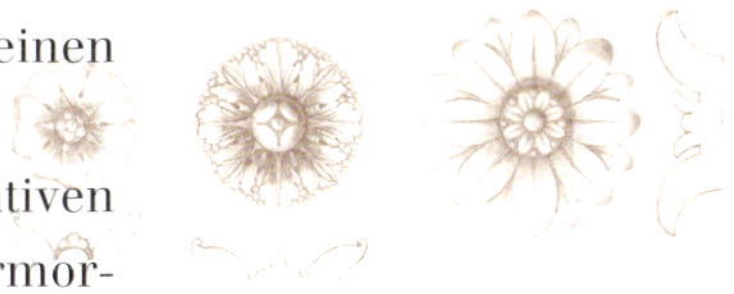

Darin ließ er im Erdgeschoss einen repräsentativen Salon und im Untergeschoss ein luxuriöses Marmorbad einbauen. Eine säulenbestandene Eingangsrotunde führte in den Salon, auch vom mit antikisierenden Säulen geschmückten Balkon ging der Blick über den Fluss; das über eine künstliche Felsentreppe zu erreichende Luxusbad bot alles für herrschaftliche Badefreuden. Das kleine anmutige Marmorbad des Kommerzienrats Metzler war ein Ort verspielter Lustbarkeit:

1771
Friedrich Metzler wird die Geschäftsleitung von „Benjamin Metzler seel. Sohn und Konsorten" übertragen.

1775
Goethe lernt die Frankfurter Bankierstochter Anna Elisabeth Schönemann, genannt „Lili", kennen. Er verlobt sich mit ihr, löst die Verlobung aber nach einigen Monaten wieder. Lili ist Vorbild für die „Stella" im gleichnamigen Bühnenstück, das Goethe 1776 veröffentlicht.

oben: Metzler'scher Badetempel, Entwürfe der Stuckrosetten
rechts: Innenansicht des Salons, um 1860

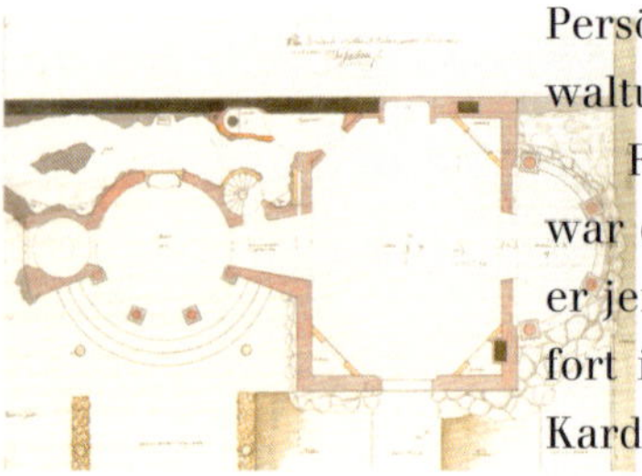

Auf Knopfdruck ließen sich Kamine hinter einer Verkleidung versenken, damit Tageslicht in den Salon über dem Marmorbad strömte.

Der kleine ovale Metzler'sche Badetempel mit den gemütlichen „Plaudernischen" entwickelte sich schnell zu einem beliebten gesellschaftlichen Treffpunkt für Persönlichkeiten aus Adel, Kultur und öffentlicher Verwaltung, für die Familie und die Geschäftsfreunde.

Für den 1753 in Versailles geborenen Baumeister war dies wahrscheinlich das eleganteste Gebäude, das er jemals baute. In jungen Jahren war Salins de Montfort in den Diensten Ludwigs XVI. im Elsass und für Kardinal Rohan in Straßburg tätig. Er fertigte Skizzen für den Schlossbau Wilhelmshöhe in Kassel und für mehrere Kirchenbauten im Elsass an, bevor er ab ca. 1793 im Raum Frankfurt tätig war. Hier errichtete er in den Jahren bis 1828 noch eine Vielzahl repräsentativer Wohn- und Geschäftsgebäude, bevor er ab 1828 wieder in Frankreich arbeitete. Er starb 1839 in Nantes im Alter von 86 Jahren.

Nach dem Tod von Friedrich Metzler im Jahre 1825 wurde das Offenbacher Anwesen verkauft. Seit der Aufschüttung des Maindamms im Jahre 1893 steht der Tempel nicht mehr direkt am Wasser, sondern ist durch

1778
Lili Schönemann heiratet den Freiherrn Bernhard Friedrich von Türckheim. Die Ehe hält bis zu ihrem Tod 1817. Goethe trifft sie nur noch ein einziges Mal.

1792
Der französische Architekt Salins de Montfort kommt auf der Flucht vor der Französischen Revolution nach Frankfurt. Von seinen Bauten in Frankfurt ist nur das Nebbiensche Gartenhaus erhalten.

oben: Metzler'scher Badetempel, Grundriss Erdgeschoss
links: Ansicht des Badetempels vom Main, 19. Jh.

einen Parkplatz und eine viel befahrene Straße von ihm mehr als hundert Meter entfernt. Der im Zweiten Weltkrieg beschädigte Badetempel kam 1951 in den Besitz der Stadt Offenbach, die ihn in einem erbärmlichen Zustand 2004 dem Privatmann Volker Hohmann überließ. Dieser ließ den Badetempel weitgehend detailgetreu restaurieren und errichtete daran als Anbau ein modernes Wohnhaus.

1794
Friedrich Metzler wird der Titel „Geheimer Kommerzienrat" verliehen.

1814
Goethe besucht den Badetempel von Friedrich Metzler und empfiehlt das Metzler'sche Anwesen in einem Aufsatz.

1830
Goethe schreibt an seinen Vertrauten Friedrich Soret über Lili Schönemann: „Sie war die erste, die ich tief und wahrhaft liebte, und vielleicht war sie auch die letzte ..."

ganz oben: Metzler'scher Badetempel, Aufriss
oben: Blick auf den Badetempel, 1849

Nizza am Main

Metzlers Beitrag
zur Verschönerung
der Frankfurter
Côte d'Azur

Nizza am Main – Metzlers Beitrag zur Verschönerung der „Frankfurter Côte d'Azur" |

In der Mitte des 19. Jahrhunderts wurde im Zuge der Mainregulierung und der Anlage eines neuen Winterhafens ein neues Terrain für einen breiten Tiefkai auf Frankfurter Seite geschaffen. Oberhalb dieses Tiefkais befanden sich der Guaita'sche Garten und das Hotel Mainlust. Bereits Heinrich Siesmayer hatte die klimatischen Vorteile dieses Standorts erkannt und im Guaita'schen Garten mediterrane Pflanzen angesiedelt.

Der Stadtgärtner Sebastian Rinz verhinderte eine kommerzielle Nutzung des Tiefkais und begann 1860 damit, eine gartenkünstlerisch einmalige Anlage zu schaffen, die aufgrund der mediterranen Pflanzen und des begünstigten Kleinklimas im Volksmund „Nizza" genannt wurde. An exponierter Stelle, an der die Gartenanlage der ehemaligen Wallanlage auf den Tiefkai stößt, wurde beim Abbruch des Hotels Mainlust 1873 eine neue doppelläufige Treppenanlage errichtet; in deren Mitte stand der grottenartige Grindbrunnen als weiteres Schmuckstück und oberhalb davon zwei verglaste Pavillons mit einem dazwischengespannten Schutzdach. Diese aus Aschaffenburger Sandstein geschaffene Kombination aus Treppenanlage, Grotte und

nizza am main

1800
Auf dem Main geht das erste Badeschiff vor Anker. Mit acht eingerichteten Badezimmern ist es das luxuriöseste in Deutschland.

1860
Ein verlandeter Nebenarm des Mains, der „Kleine Main", wird zugeschüttet und die vorgelagerte Insel „Mainlust" mit dem Ufer verbunden.

1891
Im Rahmen der Internationalen Elektronischen Ausstellung werden in einer Marineausstellung am Nizza erstmals Elektromotoren als Bootsantrieb gezeigt.

Nizza am Main, Neubau, 2004

Belvedere bildete ein dominantes Element in der Gartenlandschaft.

Das Nizza war viele Jahrzehnte lang ein beliebtes Ausflugs- und Naherholungsziel der Frankfurter. Die 1898 in dem Uferabschnitt eröffnete „Schwimmanstalt Mosler“ war damals die größte in Deutschland und einer der beliebtesten Treffpunkte Frankfurts.

Erst nach 1945 geriet das gärtnerische Konzept in Vergessenheit, und das einmalige Erscheinungsbild verblasste. Der Grindbrunnen mit seinem Doppelpavillon wurde zu einem Lokal umgebaut, das wie die gesamte Mainuferanlage verwahrloste. Bei der Wiederentdeckung des Mains als Lebensraum konnte die Stadt Frankfurt das Bankhaus Metzler im Zusammenhang mit der Errichtung des Bürogebäudes „Untermainanlage 1“ dazu gewinnen, das mittlerweile desolate Pavillonrestaurant abzureißen und an dessen Stelle einen neuen Pavillon zu errichten. Friedrich und Sylvia von Metzler begnügten sich allerdings nicht damit, eine baurechtliche Verpflichtung zu erfüllen, sondern nutzten diese Vorgabe, um an einer der exponiertesten Stellen der Stadt einen Beitrag zur Aufwertung Frankfurts zu leisten. Dort sollten sowohl ein Café mit Terrasse und Sommergarten als auch ein gehobenes Restaurant mit

1898
Die „Schwimmanstalt Mosler“, damals die größte in Deutschland, wird am Uferabschnitt des Nizza eröffnet.

2004
Umgestaltung des Nizza durch das Architekturbüro Dieter Köhler in ein modernes Café-Restaurant.

oben: Nizza, Dachkonstruktion, 2004
links: Grindbrunnen am Nizza, Postkarte, um 1900

Veranstaltungsräumen sowie eine öffentliche Kantine errichtet und so das alte Nizza wiederbelebt werden.

Der vom Frankfurter Architekten Dieter Köhler entworfene Neubau orientiert sich nicht an Vorbildern des 19. Jahrhunderts, sondern ist ein aufwändig gestalteter moderner Glasbau mit einem spitz zulaufenden, auf einer Seite weit auskragenden Flugdach, das an einen Schiffsbug erinnert. Die Fassade ist zum Mainufer und zur Gartenanlage völlig geöffnet. Die rückwärtige Straßenseite besteht aus einer Kombination von Sandstein- und Glasfassade, in die der Namenszug „Nizza" in großen Lettern eingeprägt ist. Die Eröffnung des „Nizza am Main" fand im September 2004 mit großem öffentlichen Interesse statt. Dieser Neubau ist ein wichtiger Beitrag zur Aufwertung und Wiederbelebung des lange vernachlässigten Mainufers.

Terrasse des Café-Restaurants Nizza, 2004

Das unbekannte Eva-von-Metzler-Haus

Das unbekannte Eva-von-Metzler-Haus | Im Jahre 1993 wurde die 1968 im Zentrum von Frankfurt-Heddernheim, in der Severusstraße 47, errichtete Altenwohnanlage mit 28 Wohnungen nach umfangreicher Renovierung in „Eva-von-Metzler-Haus" umbenannt. Man ehrte damit die Tochter von Hugo und Madeleine von Metzler. Die 1970 verstorbene Eva von Metzler war von 1935 bis 1946 aktives Vorstandsmitglied in der St. Katharinen- und Weißfrauen-Stiftung. Ihrem Einsatz war es zu verdanken, dass die Stiftung in der Zeit des Nationalsozialismus ihre Selbstständigkeit bewahren konnte.

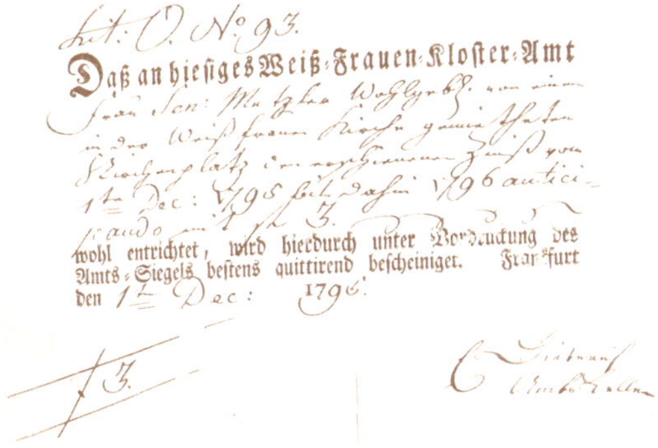
Lit: O. No 93.
Daß an hiesiges Weiß-Frauen-Kloster-Amt
wohl entrichtet, wird hiedurch unter Vordruckung des Amts-Siegels bestens quittirend bescheiniget. Frankfurt den 1. Dec: 1796.

1224
Der Orden der „Büßenden Schwestern der heiligen Magdalena" wird gegründet. Wegen ihrer weißen Tracht werden die Frauen bald „Weißfrauen" genannt.

1355/1532
Das Katharinen-Kloster wird vor dem Bockenheimer Tor erbaut. Im Zuge der Reformation werden 1532 aus beiden Klöstern weltliche Heime für bedürftige Frauen. Sie stehen nun unter der Aufsicht des Rates der Stadt.

oben: Quittung des Weißfrauen-Stifts für eine Stiftung von Susanne Metzler, 1796
rechts: Eva-von-Metzler-Haus, Frankfurt-Heddernheim, 2006

Die Villa Metzler Am Schaumainkai 15

Das Museum für Angewandte Kunst

Die Villa Metzler Am Schaumainkai 15 – das Museum für Angewandte Kunst | Das Gebäude, das heute Teil des Museums für Angewandte Kunst ist, hat eine recht bewegte Vergangenheit. In den Jahren 1802 bis 1804 ließ der renommierte Frankfurter Apotheker Peter Salzwedel (1752–1815), ein Sammler von Exotika, am Schaumaintor seine Sommervilla errichten – wahrscheinlich nach dem Entwurf eines Mitgliedes der Frankfurter Architektenfamilie Kayser. Auf quadratischem Grundriss entstand ein klassisch ausgewogenes Gebäude von zunächst zwei Etagen mit jeweils fünf Fensterachsen und einem zweistöckigen Mansardendach mit dem Flair des klassischen französischen Landhauses. Salzwedel schuf um das Gebäude herum einen schönen Garten, ein Kleinod mit seltenen Bäumen. Goethe besuchte 1814 diesen Garten und lobte ihn. Ein Ginkgobaum hatte es dem Dichter besonders angetan; er hat ihn in einem Gedicht verewigt.

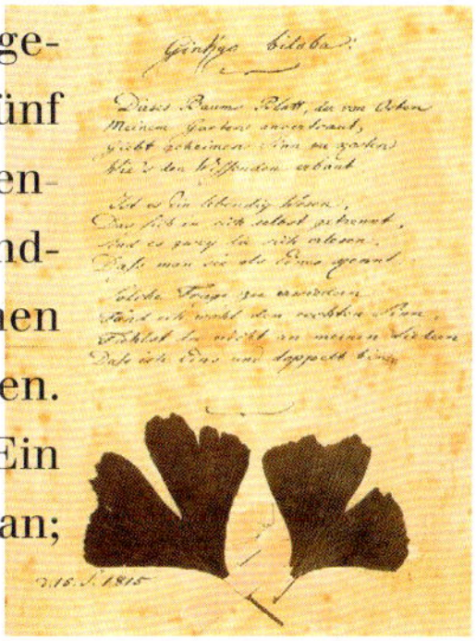

Das Anwesen gelangte 1851 in den Besitz des Bankiers Georg Friedrich Metzler (1806–1889). Dieser ließ das flach geneigte Pyramidendach anheben und zu einem neobarocken Mansardgeschoss ausbauen, wobei die unteren Geschosse unverändert blieben. Das Gebäude erhielt dabei das heutige Aussehen. Die Räume

1802
Der unter dem Namen Schinderhannes bekannte Räuber Johannes Bückler wird gefasst und steht in Frankfurt vor dem Untersuchungsgericht. Er wird 1803 in Mainz hingerichtet.

1848
Die Märzrevolution führt zur Bildung des ersten gesamtdeutschen Parlamentes, das in Frankfurt zusammentritt. Es verabschiedet die deutschen Grundrechte sowie eine neue Reichsverfassung.

oben: Johann Wolfgang von Goethe: „Ginkgo Biloba", 1815
rechts: Villa Metzler am Schaumainkai, um 2005

wurden prächtig ausgestattet. Nach dem Tode von Georg Friedrich Metzler zogen dessen Tochter Mathilde Friederike und ihr Mann, der Hals-Nasen-Ohren-Arzt Dr. med. Moritz Schmidt, in das Haus ein. Geheimrat Dr. Moritz Schmidt-Metzler war eine anerkannte Kapazität auf seinem Gebiet; sogar der an Kehlkopfkrebs erkrankte 99-Tage-Kaiser Friedrich III. ließ sich von ihm behandeln.

Im Jahre 1928 erwarb der Marburger Diakonieverband das Haus und wandelte es um in ein Altersheim. 1960 sollte das Gebäude abgerissen werden, um für ein 1000-Betten-Luxushotel der Pan American World Airways Platz zu machen. Der Denkmalschutz und engagierte Frankfurter Bürger verhinderten den Abriss. Schließlich erwarb 1961 die Stadt Frankfurt am Main das Anwesen, nutzte die klassizistische Villa als Sitz des Museums für Kunsthandwerk und integrierte das Gebäude im Jahre 1987 als Herzstück in das Museumsensemble des international bekannten Architekten Richard Meier. In den Jahren 2007 bis 2009 wurde die historische Villa mit der Unterstützung von Mäzenen und Sponsoren grundlegend restauriert.

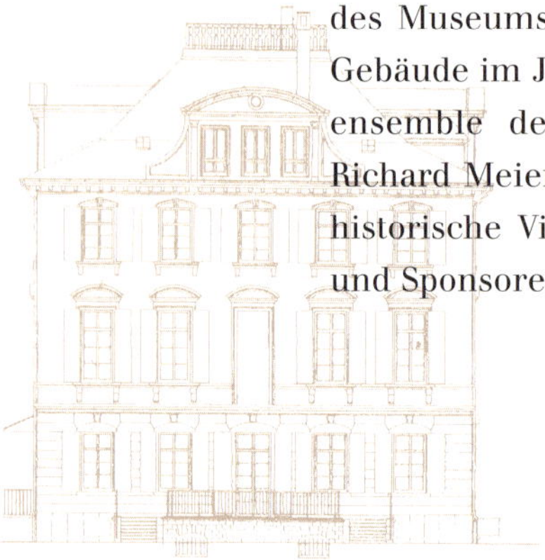

1877

Zusammen mit einigen kunstbegeisterten Frankfurter Bürgern gründet Wilhelm Peter Metzler den Mitteldeutschen Kunstgewerbeverein, aus dem das heutige Museum für Angewandte Kunst hervorgeht.

oben und links: Villa Metzler, Museum für Angewandte Kunst

1904
Das Museum für Kunsthandwerk erwirbt aus dem Nachlass von Wilhelm Peter Metzler Teile aus dessen Sammlung und vergrößert damit den Museumsbestand erheblich.

1980–1990
Durch den Ausbau von bestehenden und den Bau neuer Museen entsteht das Frankfurter Museumsufer.

2000
Im neu gestalteten Museum für Angewandte Kunst eröffnet das Restaurant „Emma Metzler", benannt nach Wilhelm Peter Metzlers Ehefrau.

oben: Villa Metzler, vor dem Umbau 1862
rechts: Geheimrat Dr. Moritz Schmidt-Metzler (1838–1907)

Städelsches Kunstinstitut am Sachsenhäuser Mainufer, um 1880

Gesellschaft

Selbstverständlich im

Dienst

für das

Gemeinwesen

Bürgersinn
aus Tradition und
Überzeugung

„Selbstverständlich im Dienst für das Gemeinwesen" – Bürgersinn aus Tradition und Überzeugung | „Die Blüte des Gemeinwesens Frankfurt, der Wohlstand seiner Bürger ist von jeher deren eigenstes Werk gewesen." Mit dieser Proklamation wollte sich der Senat von der Bürgerschaft bei der Annexion der Stadt durch die Preußen am 8. Oktober 1866 verabschieden. Allerdings wurde die Schrift vor der Veröffentlichung beschlagnahmt. Mit „dem eigensten Werk der Bürger" sind die einzigartigen Leistungen gemeint, die weder Regenten oder Landesregierungen der Stadt Frankfurt zukommen ließen, sondern die allein die Bürger aus freien Stücken zuwege gebracht haben.

Frankfurt am Main war über mehrere Jahrhunderte eine der reichsten Städte Europas. Die Frankfurter verdienten viel Geld und wussten etwas damit anzufangen. Sie investierten es zum Wohle ihrer Mitbürger und ihrer Stadt – in Bildung, Kultur und Soziales. Der Bürgersinn schreibt vielleicht das schönste Kapitel der Frankfurter Geschichte.

Die Metzlers traten selten als Stifter im klassischen Sinn in Erscheinung. Sie waren zwar stets bereit, im Interesse der Stadt und ihrer Bürger zu helfen, sich

AB 1592
In Frankfurt gastieren anlässlich von Messen und Kaiserkrönungen fahrende Schauspieltruppen. Eine feste Spielstätte gibt es nicht, es wird in Zelten oder Wirtshäusern gespielt.

UM 1700
Anfang des 18. Jahrhunderts wüten große Brände und schwere Epidemien in Frankfurt.

Frankfurt, Mainufer, um 1900

zu beteiligen und – eine generationenübergreifende Eigenschaft – andere zum Mitmachen zu gewinnen. Aber dabei vermieden sie es möglichst, in den Vordergrund zu treten. Die Bürger der Stadt haben im Laufe der Jahrhunderte für viele Museen, Denkmäler, Kirchen, Brücken, Krankenhäuser und Heime gespendet, gestiftet oder geschenkt – und die Metzlers waren meistens dabei. Einige Beispiele zeigen das vielfältige Engagement der Familie – vollständig kann diese Darstellung jedoch nicht sein.

Theater und Kunst | Bereits die beiden Söhne des Firmengründers, Jeremias und Benjamin, bewiesen Bürgersinn, indem sie das Theater unterstützten. Sie waren „eifrige Gönner und werktätige Förderer" der Schauspielerin Friederike Karoline Neuber, der bedeutenden Reformerin der deutschen Schauspielkunst im 18. Jahrhundert. Indem sie den Einfluss ihres schon damals renommierten Handelshauses nutzten, holten die Metzler-Brüder gegen erhebliche Widerstände von Traditionalisten die Künstlerin mit ihrer bekannten Theatertruppe nach Frankfurt, wo sie zur Herbstmesse 1735 ihre Theaterbude auf dem Liebfrauenberg aufschlagen durfte. Jeremias Metzlers Sohn Johann Albrecht (1716–1757)

1712
Der Komponist Georg Philipp Telemann wird zum städtischen Musikdirektor und zum Kapellmeister der Barfüßer-, wenig später auch der Katharinenkirche ernannt.

1763
Der siebenjährige Wolfgang Amadeus Mozart und seine Schwester „Nannerl" gastieren in Frankfurt und spielen in einem Saal am Liebfrauenberg.

1784
Friedrich von Schillers Drama „Kabale und Liebe" wird im Frankfurter Nationaltheater uraufgeführt.

oben: Die Musen des Dramas huldigen Goethe, 1788
links: Friederike Karoline Neuber (1697–1760)

förderte nach dem Tod seines Vaters die Neuberschen Bühnen weiter. Er ist auch der älteste Kunstsammler in der Familie Metzler, dessen stattliche Sammlung 73 Gemälde umfasste. Im 19. Jahrhundert setzte Wilhelm Peter Metzler diese Tradition fort: Der große Kunstfreund und -sammler beteiligte sich 1877 an der Gründung des Mitteldeutschen Kunstgewerbevereins, aus dem das heutige Museum für Angewandte Kunst hervorging. Teile seiner Sammlung wurden ein wichtiger Grundstock dieses Museums.

Die Villa Metzler_Seite 179

Dem Kaufmann und Bankier Johann Friedrich Städel (1728–1816) verdankt Frankfurt ein einzigartiges Geschenk: Er gründete 1815 eine unabhängige, der Kunst gewidmete Stiftung – das Städelsche Kunstinstitut. Heute gehört das Städel zu den bekanntesten Kultureinrichtungen der Stadt, ist eines der bedeutendsten Kunstmuseen in Deutschland und ein „Muss“ für jeden Frankfurt-Besucher. Der Stifter bestimmte bereits 1815 in seinem Testament Dr. jur. Johann Wilhelm Metzler als Ratgeber für die Stiftung. Bei der Gründung des Städelschen Museums-Vereins im Jahre 1899 gehörten Carl von Metzler und Stadtrat Albert von Metzler zu den ersten Mitgliedern. Ihnen folgten im Laufe der Generationen viele Angehörige der Familie Metzler, die bei

Dr. Joh. Wilhelm Metzler_Seite 87

Das Städel_Seite 199

1817
Kommerzienrat Friedrich Metzler beteiligt sich an der Gründung der „Senckenbergischen Naturforschenden Gesellschaft“.

1858
Die Zoologische Gesellschaft Frankfurt wird von wohlhabenden Frankfurter Bürgern gegründet. Noch im selben Jahr wird der Zoo eröffnet; er ist nach dem Berliner der zweitälteste Zoo Deutschlands.

1861
Der Erfinder Philipp Reis führt dem Physikalischen Verein in Frankfurt ein von ihm entwickeltes Gerät zur elektronischen Sprachübermittlung vor, das er Telefon nennt.

oben: Johann Friedrich Städel (1728–1816)
rechts: Wilhelm Peter Metzler (1818–1904)

Seite 107_Albert von Metzler

Erwerbungen oft tief in die eigene Tasche griffen oder sich mit voller Überzeugung für das Städel einsetzten. Herausragend war das Engagement von Albert von Metzler, der vorausschauend den Unterstützerkreis erweiterte sowie mit klugem Rat und hohem persönlichen Einsatz von 1960 bis 1975 in der Administration des Städelschen Kunstinstituts wirkte. Ihm folgte seine Tochter Barbara, die von 1989 bis 2000 in Vorstand und Administration tätig war. Durch Barbara von Metzlers unermüdlichen Einsatz für das Museum wurden im Rahmen der „Gunst-Sammlung" 23 Millionen D-Mark gespendet. Als Ausdruck der Verbundenheit des Museums mit der Familie trägt der ehemalige Gartensaal des Städel seit 2005 den Namen „Metzler-Saal". Im Jahr 2006 wurde Sylvia von Metzler zur Vorsitzenden des Städelschen Museums-Vereins gewählt.

Soziales Engagement in Frankfurt am Main | Als im Jahre 1816 engagierte Frankfurter Bürger die Polytechnische Gesellschaft als eingetragenen Verein gründeten, konnte sich niemand vorstellen, dass sie mit einem Vermögen von heute rund 400 Millionen Euro einmal zu den größten privaten Stiftungen in Deutschland gehören würde. Diese Bürgervereinigung setzt sich ein für die Förde-

Barbara von Metzler (1941–2003)

1878
Das Hoch'sche Konservatorium wird als Stiftung des Frankfurter Bürgers Joseph Hoch gegründet. Aus ihm geht später die Hochschule für Musik und Darstellende Kunst hervor.

1880
Das Frankfurter Opernhaus wird mit Mozarts „Don Giovanni" eröffnet.

rung von „fortschrittlichen Ideen auf technischem, wirtschaftlichem, sozialem und kulturellem Gebiet" in Frankfurt am Main. Auf ihre Initiativen gehen unter anderem die Gründung der Frankfurter Sparkasse von 1822, die erste Sonntagsschule für Handwerksgesellen als Vorläufer der heutigen Berufsschulen, Schulspeisungen für Arbeiterkinder, Fortbildungsangebote für Frauen sowie das Museum für Angewandte Kunst zurück. Mitglieder der Familie Metzler gehören seit Generationen zum aktiven Führungskreis dieser Institution.

senckenberg
forschungsinstitut und naturmuseum

Naturwissenschaften | Der naturwissenschaftlich interessierte Friedrich Metzler (1749–1825) trat der Senckenbergischen Naturforschenden Gesellschaft im Gründungsjahr 1817 bei. Seitdem sind nahezu alle seine Nachkommen engagierte Mitglieder dieser bedeutenden wissenschaftlichen Vereinigung. Aus ihr ging das Senckenbergmuseum hervor, eines der größten Naturkundemuseen in Deutschland.

Das Senckenberg_Seite 203

Kulturelle Einrichtungen | Auch für eine andere von Frankfurter Bürgern getragene Institution, die den Namen der Stadt in alle Welt trägt, engagieren sich Mitglieder der Familie Metzler seit Generationen: das

1899
Paul Ehrlich leitet das Institut für experimentelle Therapie in Frankfurt am Main. Die Einrichtung wird teilweise finanziert aus Mitteln der Stiftung des Frankfurter Bankiers Georg Speyer.

1914
Aus verschiedenen Stiftungen von Frankfurter Bürgerfamilien entsteht die Frankfurter Universität, die 1932 den Namen Johann Wolfgang Goethe-Universität erhält.

1915
Der Komponist Paul Hindemith wird Konzertmeister an der Frankfurter Oper.

Sylvia von Metzler

Seite 195_Das Hochstift

1859 gegründete „Freie Deutsche Hochstift für Wissenschaften, Künste und allgemeine Bildung". Dieser Verein erwarb Goethes Geburtshaus, richtete es wieder so her, wie es zur Zeit Goethes aussah, und betreibt heute darin das Goethe-Museum sowie ein bekanntes Forschungsinstitut.

Auf Anregung des Gartenarchitekten Heinrich Siesmayer wurde 1868 eine Aktiengesellschaft gegründet, die eine wertvolle Sammlung exotischer Pflanzen des Herzogs Adolph von Nassau erwarb. Auf einem von der Stadt Frankfurt überlassenen Gelände ließ die neu gegründete Gesellschaft einen Garten mit einem großen Gesellschaftshaus errichten, dem das Palmenhaus angegliedert war. Bereits 1871 wurde der Palmengarten – auf diesen Namen hatte man sich schnell geeinigt – feierlich eröffnet. Georg Friedrich und sein Sohn Carl von Metzler gehörten schon früh der Palmengarten-Gesellschaft an. Hugo von Metzler war als Mitglied des Verwaltungsrates auch an der Herausgabe von Schuldverschreibungen beteiligt.

Ein weiteres Beispiel bürgerschaftlichen Engagements ist das Opernhaus, das heute „Alte Oper" genannt wird. Die Stadt Frankfurt lehnte den Bau eines Opernhauses zunächst ab. Erst nachdem Frankfurter

1924
Das „Stadtrat-Albert-von-Metzler-Rennen" wird erstmals veranstaltet. Das Galopprennen findet bis heute jedes Jahr statt.

1961
Dr. Gustav von Metzler gründet gemeinsam mit Hermann Josef Abs und Volkmar Muthesius den Verein „Frankfurter Bach-Konzerte".

links: Palmengarten, Gesellschaftshaus, 1921
oben rechts: Die Alte Oper kurz nach ihrer Eröffnung, 1880

Bürger, unter ihnen die Familie Metzler, eine Million Goldmark durch Schenkungen und Stiftungen aufgebracht hatten, konnte 1873 der vom Berliner Architekten Richard Lucae entworfene Bau beginnen. Die reinen Baukosten betrugen 4,5 Millionen Goldmark. An der feierlichen Eröffnung am 20. Oktober 1880 nahm Kaiser Wilhelm I. teil, auf den Carl Metzler als Vertreter der Frankfurter Bürger einen Trinkspruch ausbrachte.

Universität | Auch zur 1914 von Politikern, Industriellen und Bürgern gegründeten und zunächst ausschließlich aus privaten Mitteln finanzierten Frankfurter Universität unterhält die Familie Metzler Verbindungen. Das Bankhaus Metzler stiftete im Jahre 1992 die Gastprofessur für internationale Finanzwirtschaft, um damit zu einer Modernisierung und Ergänzung des Lehrangebotes beizutragen. Die Fördermittel werden für ein Austauschprogramm eingesetzt, das Frankfurter Professoren Lehr- und Forschungsaufenthalte an der amerikanischen Business-School „Wharton School" der Universität von Pennsylvania in Philadelphia ermöglicht und jährlich einen Professor der Wharton School auf die Gastprofessur beruft. Die erfolgreiche Zusammenarbeit wurde durch die Ernennung von Renate von Metzler

Johann Wolfgang Goethe-Universität, 2003

zur Repräsentantin der Johann Wolfgang Goethe-Universität im Jahre 1996 verstärkt. Für ihre großzügige Förderung und ihr erfolgreiches „Brückenbauen zwischen den Bürgern der Stadt und der Universität" wurde sie im Jahre 2005 als erste Frau in der Geschichte der Frankfurter Universität zur Ehrensenatorin ernannt. Daneben ist Renate von Metzler bekannt als engagierte Vorsitzende der Deutschen Multiple-Sklerose-Gesellschaft in Hessen und Vorstandsmitglied der Frankfurter Zoologischen Gesellschaft.

Viele weitere Institutionen, Vereine, Museen und Stiftungen wären noch zu nennen, darunter die Frankfurter Bürgerstiftung im Holzhausenschlösschen, das Bürgerhospital, das St. Katharinen- und Weißfrauenstift, die Historisch-Archäologische Gesellschaft Frankfurt, der Förderverein des Historischen Museums, die Kunsthalle Schirn und der Verein Augenstern sowie eine große Zahl von Einzelengagements wie die Stiftung von Krankenbetten für mittellose Bürger, Spendenaktionen und Veranstaltungen. Einige dieser Projekte unterstützt die Metzler-Stiftung unter dem Vorsitz von Sylvia von Metzler.

Augenstern e.V.
helfen zu sehen

Renate von Metzler

1979
Renate von Metzler beginnt ihr soziales Engagement für Patienten mit Multipler Sklerose. 1980 ist sie Gründungsmitglied des hessischen DMSG-Landesverbands, seit 2000 dessen Vorsitzende.

1989
Die Frankfurter Bürgerstiftung wird gegründet, um die Geschichte Frankfurter Bürger und Familien, Initiativen und Institutionen zu erforschen.

1999
Der gemeinnützige Verein Augenstern wird in Frankfurt gegründet. Er hat das Ziel, durch Prävention die Zahl vermeidbarer Sehfehler bei Kindern zu reduzieren. Sylvia von Metzler ist Mitglied des Beirats.

1+1=3 – Anstiften zum Stiften | Den Metzlers war es bei ihrem gesellschaftlichen Engagement stets wichtig, auch andere zum Mitmachen zu gewinnen, sie „anzustiften zum Stiften". Zum 325-jährigen Bestehen des Bankhauses brachte die Bank mit ihrem damals einmaligen Modell „1+1=3" und einer Initialspende von einer Million D-Mark viele weitere Spender zum Mitmachen – schließlich kamen so rund sieben Millionen D-Mark für Frankfurter Kulturinstitutionen zusammen. 2006 wurde diese Aktion neu aufgelegt: Mitarbeiter der Bank konnten Projekte vorschlagen, die unterstützt wurden. Das heißt, die Metzler-Stiftung spendete zunächst eine vereinbarte Summe; wurde mindestens der gleiche Betrag von Dritten gespendet, erhielt das geförderte Projekt noch einmal den Betrag der Metzler-Stiftungs-Spende als Bonus.

Bereits diese Auswahl vermittelt einen Eindruck davon, wie sich die Metzlers über Generationen hinweg für die geistigen, kulturellen und sozialen Belange ihrer Stadt einsetzten. Die Stadt würdigte dies, indem sie Friedrich von Metzler für das Engagement der Familie und der Bank im Jahr 2004 zum Ehrenbürger der Stadt Frankfurt am Main ernannte.

2004
Friedrich von Metzler wird zum Ehrenbürger der Stadt Frankfurt am Main ernannt.

2006
Die Metzler-Stiftung erhält den Kulturförderpreis der Deutschen Wirtschaft. Die Stiftung konzentriert sich auf die ganzheitliche Förderung von Kindern und Jugendlichen.

oben: Broschüre „1+1=3", 2000
rechts: Verleihung der Ehrenbürgerwürde an Friedrich von Metzler, 2004

Das Freie Deutsche Hochstift

Das Freie Deutsche Hochstift | Etwa 50 Frankfurter Bürger gründeten 1859 das „Freie Deutsche Hochstift für Wissenschaften, Künste und allgemeine Bildung“. Der Verein stand jedermann offen, was zu dieser Zeit keine Selbstverständlichkeit war, und er verstand sich sowohl als Akademie als auch als Bildungsstätte für Erwachsene. Mit dem Kauf von Goethes Elternhaus im Großen Hirschgraben im Jahre 1863 wuchs dem Verein die neue Aufgabe zu, die historische Bedeutung von Goethes Elternhaus zu verdeutlichen.

Mitglieder des Freien Deutschen Hochstifts wurden im April 1900 Stadtrat Albert von Metzler und Carl von Metzler. Moritz von Metzler wurde 1905 als Ersatzmitglied in den Verwaltungsausschuss, das höchste Gremium des Hochstifts, gewählt und wirkte dort bis zu seinem Tod 1935. Im selben Jahr wurde Albert von Metzler die Mitgliedschaft im Hochstift angeboten, die er 1936 annahm. Bereits 1937 wurde er in den Verwaltungsausschuss gewählt, dessen Vorsitz er 1959 übernahm. In seiner Amtszeit wurden richtungsweisende Entscheidungen getroffen, wie der Wiederaufbau des Goethe-Hauses nach dem Krieg. In vielen finanziellen Fragen war sein Rat von großer Bedeutung. Albert von Metzler wirkte im Hochstift bis zu seinem Tod 1989.

Albert von Metzler_Seite 107

1749
Johann Wolfgang Goethe wird in Frankfurt am Main als ältestes Kind von Johann Caspar und Catharina Elisabeth Goethe geboren. Die Familie lebt in einem Haus am Großen Hirschgraben.

1795
Die Familie Goethe verkauft das Haus am Großen Hirschgraben. Es wechselt in der Folgezeit mehrmals den Besitzer. 1947 beginnt der Wiederaufbau des 1944 zerstörten Gebäudes.

Freies Deutsches Hochstift („Goethe-Haus“)

Seit 1960 ist Friedrich von Metzler Mitglied und seit 1975 im Verwaltungsausschuss tätig. Seit 1977 trägt er zunächst als Schatzmeister und heute als stellvertretender Schatzmeister die Mitverantwortung für den Erhalt und Betrieb des Goethe-Hauses und des Goethe-Museums mit seinen jährlich rund 100.000 Besuchern sowie für die Forschungseinrichtung.

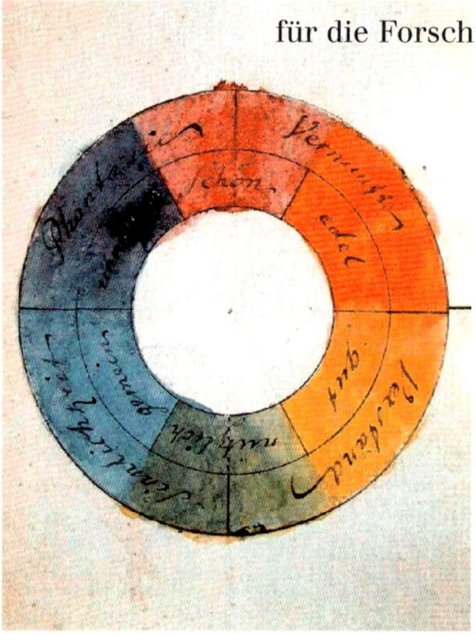

1897
Das „Frankfurter Goethe-Museum" wird neben dem Goethe-Haus errichtet.

1944
Goethe-Haus und Goethe-Museum werden bei einem Bombenangriff zerstört. Die wertvollen Sammlungen sind bereits vorher ausgelagert worden. Beide Häuser werden zwischen 1947 und 1954 wieder aufgebaut.

1992–1997
Das Goethe-Museum wird grundlegend saniert und umgebaut.

links: Albert von Metzler (1898–1989)
oben: Goethes Farbenkreis zur Symbolisierung des menschlichen Geistes- und Seelenlebens, 1809

Goethe-Haus in Frankfurt am Main und Gedicht Goethes an Marianne von Willemer, 1820

Das Städelsche Kunstinstitut

in Frankfurt am Main

Das Städelsche Kunstinstitut | Johann Friedrich Städel, der Stifter des Städelschen Kunstinstituts, bestimmte 1815 in seinem Stiftungsbrief, dass die Administratoren, „falls sie eine anderweitige Beratung für dienlich und zweckmäßig erachten sollten", sich vorzugsweise an den damaligen Bürgermeister Dr. Johann Wilhelm Metzler wenden sollten. Dies war der Beginn einer intensiven Beziehung zwischen der Bürgerstiftung und der Familie von Metzler, die bis heute besteht.

Dr. Joh. Wilhelm Metzler_Seite 87

Der passionierte Kunstsammler Wilhelm Peter Metzler gehörte im 19. Jahrhundert lange Jahre der Verwaltung des Städelschen Kunstinstituts an.

Albert von Metzler war bereits seit den 1930er-Jahren Mitglied des Vorstands des Städelschen Museumsvereins. Dort engagierte er sich für den Schutz jüdischer Mitglieder und das Überleben des Vereins. Der Verein stellte seine Tätigkeit nahezu ein, um so der Aufmerksamkeit der nationalsozialistischen Machthaber zu entgehen. Nach seiner Rückkehr aus der Kriegsgefangenschaft bewegte Albert von Metzler mehrere Unternehmen zu großzügigen Spenden für das Städel, die den Grundstock zur Wiederbelebung des Vereins bildeten. 1960 wurde er in die Administration des Stä-

Albert von Metzler_Seite 107

1728
Johann Friedrich Städel wird in Frankfurt am Main geboren. Er übernimmt den elterlichen Gewürzhandel, tätigt zunehmend Geldgeschäfte und wechselt schließlich ins Bankgeschäft.

1793
Vermutlich durch einen Besuch des Louvre angeregt, plant Städel erstmals eine Kunststiftung. Bis zu seinem Tod im Jahr 1816 sammelt Städel ca. 500 Gemälde sowie rund 200 Druckgraphiken und Zeichnungen.

1815
In seinem Testament verfügt Johann Friedrich Städel die Gründung eines Kunstinstituts, das eine öffentliche Sammlung und eine Kunstschule umfassen sollte.

oben: Städelsches Kunstinstitut in der Neuen Mainzer Straße, um 1840
rechts: Johann Friedrich Städel (1728–1816)

delschen Kunstinstituts berufen, wo er sich bis 1975 mit „Herz und Tat“ für die Stiftung erfolgreich engagierte.

Seine bereits seit vielen Jahren im Vorstand des Städelschen Museumsvereins engagierte Tochter Barbara von Metzler gehörte von 1992 bis 2000 der Administration des Städelschen Kunstinstituts an, ab 1994 als deren Vorsitzende. Während dieser Zeit setzte sie sich mit großem Engagement für die Bürgerstiftung ein. Unter ihrem Vorsitz kamen durch die „Gunst-Sammlung“ Spenden von mehr als 23 Millionen D-Mark für die Erneuerung des Städel zusammen. Durch großzügige Zuwendungen erweiterte Barbara von Metzler den Kunstbesitz des Städel.

Seit 2000 engagiert sich Marija Korsch, bis 2008 Mitglied des Partnerkreises bei Metzler, als Mitglied der Administration für das Städel. Im Jahre 2006 wurde Sylvia von Metzler zur Vorsitzenden des Vorstands des Städelschen Museumsvereins gewählt – beides ein neuer Beleg für die lebendige Tradition und die große Bedeutung des Städel für das Bankhaus und die Familie von Metzler.

1829
Nach einem langwierigen Rechtsstreit mit Städels Erben beginnt der Unterricht an der Kunstschule.

1878
Der Städel-Neubau am Schaumainkai wird errichtet.

1899
Frankfurter Bürger gründen den Städelschen Museumsverein.

oben: Städelsches Kunstinstitut am Sachsenhäuser Ufer, um 1879
links: Barbara von Metzler (1941–2003); rechts: Lovis Corinth: Carmencita (die Frau des Künstlers), 1924

Die

Senckenbergische

Naturforschende

Gesellschaft

Die Senckenbergische Naturforschende Gesellschaft | Das Naturmuseum und Forschungsinstitut Senckenberg trägt seinen Namen zu Ehren des Frankfurter Arztes und Stifters Dr. Johann Christian Senckenberg (1707–1772). Johann Wolfgang von Goethe hatte die Frankfurter Bürger 1815 aufgefordert, im Sinne dieses Mannes sein „Natur-Museum" zu unterstützen. Somit ist die 1817 gegründete Senckenbergische Naturforschende Gesellschaft der älteste Bildungsverein Frankfurts, der auch viele Mitglieder der Familie von Metzler seit seiner Gründung und bis heute fasziniert. Kommerzienrat Friedrich Metzler (1749–1825) gehörte zu den 32 Gründungsmitgliedern der Gesellschaft und stiftete im Jahre 1817 für den Bau des ersten Naturmuseums den Betrag von 400 Gulden.

„Friedrich der Große"_Seite 79

Die Liste der Familienmitglieder, die sich für die Senckenbergische Gesellschaft eingesetzt haben, ist sehr lang. Seit Gründung der Gesellschaft vor nahezu 200 Jahren gehörten ihr stets Mitglieder der Familie Metzler an.

- Adolf Metzler (1812–1883), Mitglied ab 1870
- Wilhelm Peter Metzler (1818–1904), Mitglied ab 1844
- Gustav Metzler (1833–1883), Mitglied ab 1859
- Albert von Metzler (1839–1918), Mitglied ab 1869

1763
Der Frankfurter Arzt und Naturforscher Johann Christian Senckenberg gründet die Dr. Senckenbergische Stiftung. Ihr Ziel ist es, das Frankfurter Medizinalwesen, die Krankenversorgung und Ausbildung der Ärzte zu verbessern.

1772
Senckenberg besichtigt die Baustelle des von ihm gestifteten „Theatrum Anatomicum", stürzt vom Gerüst und verletzt sich dabei tödlich. Aus seiner Stiftung geht auch das Frankfurter Bürgerhospital hervor.

1817
In Erinnerung an Johann Christian Senckenberg gründen Frankfurter Bürger die Senckenbergische Naturforschende Gesellschaft.

Dr. Johann Christian Senckenberg (1707–1772)

- Georg Friedrich Metzler (1806–1889), Ewiges Mitglied ab 1880
- Hugo von Metzler (1862–1955), Mitglied ab 1891
- Carl von Metzler (1835–1922), Mitglied ab 1869
- Moritz von Metzler (1869–1935), Ewiges Mitglied ab 1903
- Albert von Metzler (1898–1989), Mitglied ab 1953
- Friedrich von Metzler, Ewiges Mitglied seit 1981
- Franz, Elena und Jakob von Metzler, Ewige Mitglieder seit 1991

Das Stiftungsmitglied sowie die Ewigen Mitglieder sind auf den Marmortafeln des Senckenberg-Museums verewigt. Darüber hinaus war auch der 1812 geborene Pflanzenkundler Friedrich Jakob Adolph Metzler, der älteste Sohn von Christian Benjamin Metzler und Anna Maria d'Orville, bis zu seinem Tod 1883 als Sektionär für Botanik in der Dr. Senckenbergischen Naturforschenden Gesellschaft tätig.

1999 wurde eine im Weltnaturerbe Grube Messel gefundene neue Echsenart und -gattung nach der Familie von Metzler benannt. Die Echse, die vor etwa 45 Millionen Jahren die Erde bevölkerte, trägt offiziell den Namen „Ornatocephalus metzleri".

1821
Als Vorläufer des Senckenberg-Museums wird ein öffentliches „Naturalienkabinett" gegründet.

1904
Das Gebäude des Senckenberg-Museums wird in unmittelbarer Nähe der Johann Wolfgang Goethe-Universität errichtet.

oben: „Ornatocephalus metzleri"
links: Christian Benjamin Metzler (1781–1863)

1926-1928
Die Frankfurter Großmarkthalle wird nach Entwürfen des Architekten Martin Elsässer gebaut.

1945
Bernhard Grzimek wird Direktor des Frankfurter Zoos und setzt sich für dessen Wiederaufbau ein.

2005
Stadt- und Universitätsbibliothek und die Senckenbergische Bibliothek werden unter dem Namen „Universitätsbibliothek Johann Christian Senckenberg" als zentrale Bibliothek zusammengeführt.

oben: Senckenbergisches Institut, um 1900
rechts: Georg Friedrich Metzler (1806–1889)

Blick auf Frankfurt vom Süden, 19. Jahrhundert

Anhang

Geschäftsinhaber und Partner |

Name	Lebensdaten	Leitung
Benjamin Metzler	1650–1686	1674–1686
Johann Zwirlein	n. b.	1687–1698
Johann Jeremias Metzler	1677–1743	1698–1743
Benjamin Metzler	1684–1738	1706–1738
Johann Albrecht Metzler	1716–1757	1738–1757
Christina Barbara Metzler	1703–1793	1757–1771
Gottfried Malß	n. b.–1783	1757–1783
Wilhelm Peter Metzler (Bordeaux)	1711–1762	1757–1762
Friedrich Metzler, Kommerzienrat	1749–1825	1771–1825
J. Albrecht Malß	n. b.	1783–1813
Markus Christoph Fingerlin	n. b.–1815	1784–1815
Johann Friedrich Metzler, Senator	1780–1864	1803–1849
Christian Benjamin Metzler	1781–1863	1803–1857
Peter Metzler	1787–1832	1813–1831
Gustav Metzler	1791–1842	1815–1842
Georg Friedrich Metzler	1806–1889	1831–1889
Wilhelm Peter Metzler	1818–1904	1844–1881
Jakob Gustav Metzler	1833–1883	1857–1883
Carl von Metzler	1835–1922	1860–1922
Albert von Metzler, Stadtrat	1839–1918	1883–1918
Hugo von Metzler	1862–1955	1888–1955
Moritz von Metzler	1869–1935	1896–1935
Dr. Eduard von Nikolai	1888–1965	1949–1950
Dr. Ferdinand A. Prinz von Lobkowitz	1901–1966	1949–1961

Name	Lebensdaten	Leitung
Karl-Oskar Koenigs	1924–1997	1964–1985
Albert von Metzler	1898–1989	1923–1977
Dr. Gustav von Metzler	1908–1984	1937–1978
Christoph von Metzler	1943–1993	1971–1993
Friedrich von Metzler	geb. 1943	seit 1971
Brian Douglas Townsend	geb. 1938	1977–1982
Hans Hermann Reschke	geb. 1933	1982–1999
Dr. Wolfram Nolte	geb. 1949	1990–1995
Werner Wanke	1945–2008	1990–1993
Dr. Udo von Klot-Heydenfeldt	geb. 1939	1991–2004
Norbert Enste	geb. 1951	1996–2009
Marija Korsch	geb. 1948	1998–2008
Karl-Emil Fuhrmann	geb. 1950	seit 1998
Jürgen Röthig	geb. 1962	1998–2002
Bernd Baur	geb. 1957	1999–2000
Emmerich Müller	geb. 1956	seit 2000
Frank-Peter Martin	geb. 1962	seit 2000
Gerhard Wiesheu	geb. 1962	seit 2002
Michael Klaus	geb. 1961	seit 2005
Hartmut Petersmann	geb. 1964	seit 2005
Dr. Johannes Reich	geb. 1959	seit 2005

Geschäftssitze |

Frankfurt am Main

Seit 1826	Große Gallusstraße 18/Neue Mainzer Str. 40–42
Seit 2001	Gerbermühlstraße 3, Gebäude „Fiorentino“

München

Seit 1993	Odeonsplatz 2, Geschäftsstelle, ausschließlich Private Banking

Stuttgart

Seit 2002	Wilhelmsplatz 11, Geschäftsstelle, ausschließlich Private Banking

Düsseldorf/Köln

Seit 2005	Gut Etgendorf, Bedburg/Kleintroisdorf, Geschäftsstelle, ausschließlich Private Banking

Hamburg

Seit 2008	ABC-Straße 10, Geschäftsstelle, ausschließlich Private Banking

Vereinigte Staaten von Amerika

Seit 1998	700 Fifth Avenue, Suite 6175, Seattle Metzler North America Corporation u. a.
Seit 2001	333 South Grand Avenue, 31st Floor, Los Angeles Metzler/Payden, LLC
Seit 2005	3060 Peachtree Road NW, One Buckhead Plaza, Suite 1010, Atlanta Metzler North America Corporation

Irland

Seit 2001	1 Guild Street, International Financial Services Centre, Dublin 1, Irland Metzler Ireland Limited

Japan

Seit 2004	Fukoku Seimei Building, 12th Floor 2-2-2, Uchisaiwaicho, Chiyoda-ku, Tokyo Metzler Asset Management (Japan) Ltd.

China

Seit 2009	No. 50 Liangmaqiao Road, Chaoyang District, Beijing B. Metzler seel. Sohn & Co. KGaA

Abbildungen |

Nicht aufgeführte Bilder sind entweder gemeinfrei, da die Schutzdauer nach den Maßstäben des deutschen Urheberrechts abgelaufen ist, oder sie stammen aus dem Historischen Archiv von B. Metzler seel. Sohn & Co., Frankfurt am Main.

Institut für Stadtgeschichte Frankfurt

S. 153	Am Rossmarkt/Am Salzhaus 3, Foto Mylius, um 1860
S. 153	Stadtplan, Friedrich Wilhelm Delkeskamp, um 1830, Ausschnitt Am Salzhaus 3
S. 156	Stadtplan, Friedrich Wilhelm Delkeskamp, um 1830, Ausschnitt Große Gallusstraße 18
S. 174	Grindbrunnen am Nizza, Postkarte, um 1900
S. 182/183	Städelsches Kunstinstitut am Sachsenhäuser Mainufer, um 1880
S. 200	Städelsches Kunstinstitut am Sachsenhäuser Ufer, um 1879
S. 205	Senckenbergisches Institut, kolorierte Postkarte, um 1900

Historisches Museum Frankfurt

S. 6/7+17	Ansicht von Frankfurt am Main, Caspar Merian, um 1658
S. 14/15	Blick auf die Stadt Frankfurt von Westen, Christian Georg Schütz, um 1760
S. 17	Mann mit Ellenmaß, Gemälde, 1599
S. 18	Gulden zu 60 Kreuzer der Stadt Frankfurt von 1674, Foto 1999
S. 19	Liebfrauenberg, Stich von Wenzel Hollar, 1635
S. 68	Frankfurter Kaufmannsfrau, Wenzel Hollar, 1643
S. 71	Ansicht der Stadt Frankfurt, Friedrich van Valckenborch, um 1600
S. 76	Frankfurter Weinmarkt, Friedrich Wilhelm Hirt, 1757
S. 84	Katharine Elisabeth (Elise) von Bethmann (1753–1813), Kauffrau in Frankfurt und Bordeaux
S. 89	Ansicht des Römerberges mit der Nikolaikirche zu Frankfurt a. M., Friedrich Wilhelm Delkeskamp, 1822
S. 136	Krönung Franz II. zum Kaiser, 1792, Höchle
S. 141	Öffentliche Verbrennung der englischen Manufakturwaren, 1810
S. 149	Das Galgentor, J. G. Prestel, um 1780

B. Metzler seel. Sohn & Co.

S. 119	Friedrich von Metzler, vor einem Porträt von Johanna Friederike Metzler (1784–1836), Ellen Bornkessel, 2005
S. 120/121	Gruppenbild der Familie Metzler in Rom, im März 1894; darauf von links: Frl. Anna von Lepel (1859–1941), Sascha Gräfin von Schlippenbach, geb. Metzler (1852–1938), Carl von Metzler (1835–1922), Wilhelm Peter Metzler (1818–1904), Moritz von Metzler (1869–1935), Maximilian Freiherr von Wendland (1854–1940), Elsie Freifrau von Wendland, geb. Metzler (1861–1954)
S. 133	Frankfurt am Main von Westen, um 1700, Peter Becker, 1885
S. 154	Neue Mainzer Straße 42–44, Große Gallusstraße 18, Carl Theodor Reiffenstein, 1849
S. 155	Kutschfahrt im Winter, Große Gallusstraße, Emil Rumpf, Ende 19. Jh.
S. 159	Foyer Bankhaus Metzler, Große Gallusstraße 18, Ulrich Mattner, 2006
S. 167	Das Schmidt'sche Gut in Frankfurt Bonames, Carl Morgenstern, 1865
S. 173	Nizza am Main, Neubau von Dieter Köhler, Martin Starl, 2004
S. 175	Terrasse des Café-Restaurants Nizza, Martin Starl, 2004
S. 187	Wilhelm Peter Metzler, Franz Xaver Winterhalter, um 1840
S. 197	Goethe-Haus in Frankfurt am Main, Collage von Claudia Fratz, Broschüre 1 + 1 = 3, 2000
S. 206/207	Blick auf Frankfurt von Süden, 19. Jh.

Wikipedia

S. 18	Der Geldwechsler und seine Frau, Quentin Massys, 1514, Musée du Louvre, Paris
S. 20	Die Proklamation Kaiser Wilhelms I., 1871 in Versailles, Anton von Werner, 1877
S. 38	Frühes Telefon im Nixdorf-Museum

S. 163	Stadtansicht von Bordeaux, um 1850
S. 179	„Ginkgo Biloba“, Gedicht von Johann Wolfgang von Goethe, 1815
S. 186	Die Musen des Dramas huldigen Goethe, Angelika Kauffmann, 1788, Goethe-Nationalmuseum, Weimar
S. 186	Karoline Friederike Neuber (1697–1760)
S. 191	Johann Wolfgang Goethe-Universität, Poelzig-Bau, Johannes Marx, 2003
S. 203	Dr. Johann Christian Senckenberg (1707–1772), Anton Wilhelm Tischbein, 1772

Städelsches Kunstinstitut Frankfurt

S. 89+199	Städelsches Kunstinstitut in der Neuen Mainzer Straße, um 1840
S. 199	Johann Friedrich Städel (1728–1816), Johann David Passavant
S. 201	Lovis Corinth: Carmencita (die Frau des Künstlers), 1924 Foto Ursula Edelmann

J. B. Metzler'sche Verlagsbuchhandlung Stuttgart

S. 123	Metzlerhaus, Buchhandlung Stuttgart
S. 124	Verlagshaus J. B. Metzler-Verlag, 2005

Museum für Angewandte Kunst Frankfurt

S. 179	Villa Metzler am Schaumainkai, 2005
S. 180	Villa Metzler, Zeichnung
S. 180	Villa Metzler und Museum für Angewandte Kunst

Freies Deutsches Hochstift Frankfurt

S. 195	Goethe-Haus im Besitz des Kulturinstituts Freies Deutsches Hochstift
S. 196	J. W. von Goethe: Farbenkreis zur Symbolisierung des menschlichen Geistes- und Seelenlebens, 1809

Diverse

S. 41	Büro von Fritz Göhrig (Senior), 1960, Max Rettig
S. 42	Nachttresormünze Nr. 48, ca. 1970, Stefan Ohmeis
S. 42	Aufräumen erhalten gebliebener Akten im Keller der Großen Gallusstraße 18, ca. 1955, Foto privat; darauf rechts: Kurt Stumpf
S. 43	Weihnachtsfeier in der Schalterhalle des Bankhauses, 1967, Inge Mazurek
S. 44	Rechenmaschine „Adler“, ca. 1960, Ferdinand Watzl
S. 44	Schalterhalle, 1970; darauf: Horst Rödl und Monika Kölle, Foto privat
S. 45	Handelsraum Financial Markets, Harald Mathé, 2007; darauf von links: Sabine Englert, Silke Amelung, Christof Thielmann, Hans Harwig Wild, Thomas Rost, Lothar Springer
S. 54	Hans Hermann Reschke, Foto privat, 2005
S. 55	Werner Wanke, Foto privat, 2005
S. 56/57	Geschäftsleitung des Bankhauses Metzler, Foto Barbara Klemm, 1990
S. 85	Peter Heinrich von Bethmann genannt Metzler, Privatbesitz, Foto K. Meier-Ude
S. 125	Galleria, Frankfurter Buchmesse 2006, Frankfurter Buchmesse/Mayer
S. 133	Hauserker mit Spruch „Festina Lente“ in Luzern/Schweiz, Stefan Ohmeis, 2004
S. 158	Eingang Bankhaus Metzler, Große Gallusstraße 18, Stefan Ohmeis, 2004
S. 177	Eva-von-Metzler-Haus, Frankfurt-Heddernheim, St. Katharinen- und Weißfrauen-Stiftung
S. 200	Barbara von Metzler (1941–2003), Jochen Günther, FR-Archivbild
S. 204	„Ornatocephalus metzleri“, Zeichnung, Senckenbergische Naturforschende Gesellschaft

Quellen |

Unveröffentlichte Quellen

Historisches Archiv des Bankhauses und der Familie von Metzler im Stadtarchiv Offenbach am Main

Handakten des Verfassers

Deckert, Adele, geb. Hauck: Addy-Hauck-Chronik, Privatschrift, 1966

Institut für Stadtgeschichte, Frankfurt am Main

Kübel-Sorger, Ludger: B. Metzler seel. Sohn & Co. Kommanditgesellschaft auf Aktien, Aufsatz, 1992

Metzler, Albert von: Erinnerungen, Privatschrift, um 1980

Metzler, Albert von: Ansprache bei der Betriebsfeier am 2.9.1989 anlässlich seines 90. Geburtstages

Sipf, Hans: Erinnerungen aus dem Bankhaus Metzler von der Jahrhundertwende bis zum Ersten Weltkrieg, 1954

Veröffentlichte Quellen

Achterberg, Erich: Der Bankplatz Frankfurt am Main, Frankfurter Sozietäts-Druckerei GmbH, 1955

Achterberg, Erich: Frankfurter Bankherren, Fritz Knapp Verlag, Frankfurt, 2. Auflage, 1971

Avitabile, Dr. Gunhild Gabbert: Japonica: Aus der Kunstsammlung des Herrn Wilhelm Peter Metzler (1818–1904), Museum für Kunsthandwerk, Frankfurt, 1983

Becker, Richard: 125 Jahre Pferderennen in Frankfurt, Frankfurt, 1988

Baehring, Bernd: Börsen-Zeiten, Frankfurter Wertpapierbörse 1585–1985, Frankfurt, 1985

Berger, Dr. Frank: Glaube Macht Kunst, Antwerpen – Frankfurt um 1600, Ausstellungskatalog, Historisches Museum Frankfurt am Main, Societäts-Verlag, Frankfurt, 2005

„Lili-Tempel“, Förderkreis Wiederaufbau Metzler’scher Badetempel e. V., Offenbach am Main, 1996

Bothe, Friedrich: Geschichte des St. Katharinen- und Weißfrauenstifts zu Frankfurt am Main, Frankfurt, 1950

Brockhaus, F. A.: Bilder-Conversations-Lexikon für das deutsche Volk, Band 1–4, Leipzig, 1837

Flagge, Ingeborg: nizza am main, Ernst Wasmuth Verlag, Tübingen/Berlin, 2003

Gerteis, Walter: Das unbekannte Frankfurt, Neue Folge, Societäts-Verlag, Frankfurt, Verlag Frankfurter Bücher, Fünfte Auflage, 1971

Gerteis, Walter: Das unbekannte Frankfurt, Societäts-Verlag, Frankfurt, Verlag Frankfurter Bücher, Achte Auflage, 1991

Gothaisches Genealogisches Taschenbuch der Briefadeligen Häuser, Gotha, Verlag Justus Perthes, 1917

Grosser, Alfred; Jäckel, Eberhard; Junck, Robert; Ludz, Peter Christian; Penzkofer, Peter: Wirtschaft Gesellschaft Geschichte, J. B. Metzler'sche Verlagsbuchhandlung und Carl Ernst Poeschel Verlag, Stuttgart, 1974

Hansert, Andreas; Geschichte des Städelschen Museums-Vereins, Frankfurt am Main, Umschau-Buchverlag, 1994

Henninger, Wolfgang: Johann Jakob von Bethmann: 1717–1792, Kaufmann, Reeder und kaiserlicher Konsul in Bordeaux, Universitätsverlag Brockmeyer, Bochum, 1993

Herzberg, Helmut und Edith: Bonames, Chronik eines Stadtteils von Frankfurt am Main, Bonameser Heimat- und Geschichtsverein e. V., 1993

Historisches Museum Frankfurt: Frankfurt 1674 – Zur Biographie eines Jahres, B. Metzler seel. Sohn & Co. KGaA, 1999

Holtfrerich, Prof. Dr. Carl-Ludwig: Finanzplatz Frankfurt, Von der mittelalterlichen Messestadt zum europäischen Bankenzentrum, Verlag C. H. Beck, München, 1999

Holtfrerich, Prof. Dr. Carl-Ludwig: Albert von Metzler 1898–1989, Deutsche Bankiers des 20. Jahrhunderts, Herausgeber Prof. Hans Pohl, Institut für bankhistorische Forschung e. V., Steiner Verlag, Stuttgart, 2007

Kirchholtes, Hans-Dieter: Jüdische Privatbanken in Frankfurt am Main, Verlag Waldemar Kramer, Frankfurt, 1969

Klein, Ernst: Deutsche Bankgeschichte, Band 1 und 2, Fritz Knapp Verlag, Frankfurt, 1982

Lerner, Dr. phil. Franz: Die Neue Mainzer Straße im Wandel der Zeiten, Frankfurter Sparkasse von 1822 (Polytechnische Gesellschaft), Frankfurt, 1956

Lübbecke, Fried: Alt-Frankfurt, ein Vermächtnis, herausgegeben von Georg Hartmann, Verlag Sauer & Auvermann KG, Glashütten/Taunus, 1971

Lutz, Bernd: Firma und Familie als gesellschaftlicher und wirtschaftlicher Funktionsverbund – Geschichte und Entwicklung der Familie und Firma B. Metzler seel. Sohn & Co. 1674–1974, J. B. Metzlersche Verlagsbuchhandlung, Stuttgart, 1974

Mohr, Verita: Spurenlese, Georg Hauck & Sohn 1796–1996, Fritz Knapp Verlag, Frankfurt, 1996

Müller, Dr. Bruno: Stiftungen für Frankfurt am Main, Verlag Dr. Waldemar Kramer, Frankfurt am Main, 1958

Mushake, Ludwig Maria: Börsen und Banken in Frankfurt am Main, 5. Auflage, Mushaksche Verlagsanstalt & Franzmathes Verlag, Mainz und Trautheim, 1963

Nahrung, Karl: Die Frankfurter Altstadt, Verlag Waldemar Kramer, Frankfurt, 1949

Natur-Museum Senckenberg, Museumsführer, 13. Auflage, Frankfurt, 1968

Schlicht, Lothar: Bonames: Die Frankfurter Pforte zur Wetterau, Frankfurter Sparkasse von 1822, Frankfurt, 1974

Seng, Dr. Joachim: Ein Bundestag des Deutschen Geistes, Die Gründung des Freien Deutschen Hochstifts, Frankfurt, 1998

Stein, Johann Heinrich von: Insolvenzen privater Banken und ihre Ursachen, München, 1969

Ulrich, Keith: Aufstieg und Fall der Privatbankiers, Band 20, Schriftenreihe des Instituts für bankhistorische Forschung, Fritz Knapp Verlag, Frankfurt am Main, 1998

Voelker, Prof. Dr. Henry: Die Familie und das Bankhaus Metzler zu Frankfurt am Main, Frankfurt, 1924

Personen |

Kursiv gesetzte Seitenzahlen bezeichnen Abbildungen der genannten Person, fett gesetzte Seitenzahlen Artikel über die Person. Rufnamen sind unterstrichen.

Dank |

Als Autor des vorliegenden Buches möchte ich allen Mitwirkenden für die vielen Anregungen und die großartige Mithilfe danken.

Mein besonderer Dank gilt Dorothea Wallach und Christian von Krosigk vom Bankhaus Metzler sowie dem ehemaligen Leiter des Offenbacher Stadtarchivs, Hans-Georg Ruppel für ihre wertvolle Unterstützung bei der Erstellung und Aufbereitung der Artikel, die dafür auch mit großer Selbstverständlichkeit viel Freizeit zur Verfügung gestellt haben. Die Bereitstellung und Besorgung des umfangreichen Bildmaterials verdanke ich Achim Höfig vom Bankhaus Metzler, den Mitarbeiterinnen und Mitarbeitern des Instituts für Stadtgeschichte und des Historischen Museums der Stadt Frankfurt, der Leiterin des Offenbacher Stadtarchivs Anjali Pujari sowie Horst Ziegenfusz aus Mörfelden-Walldorf für die Reproduktionen.

Für das Erscheinungsbild und die ansprechende Gestaltung des Buches danke ich Heike Stark vom Bankhaus Metzler, die mit großem Elan das außergewöhnliche Layout entworfen und umgesetzt hat. Die professionelle Umsetzung verdanke ich der engagierten Mitwirkung von Andreas Herr von der Frankfurter druckerei MERKUR gmbh. Um die sorgfältige Bildbearbeitung kümmerte sich Dirk Staudt aus Hattersheim. Die Entstehung dieses Werkes wäre nicht möglich gewesen ohne das Vertrauen und die Unterstützung der Geschäftsleitung des Bankhauses. Ganz besonders danke ich meiner Familie für ihre Geduld und Toleranz gegenüber dieser Arbeit.

Im März 2007

Stefan Ohmeis

Impressum |

2., aktualisierte Auflage 2009

Herausgeber:
B. Metzler seel. Sohn & Co.
Kommanditgesellschaft auf Aktien
Große Gallusstraße 18
60311 Frankfurt am Main

druckerei MERKUR gmbh, Frankfurt
Redaktion: Dorothea Wallach
Gestaltung: Heike Stark

ISBN 978-3-00-020894-2